探索药品专利链接制度

程永顺　吴莉娟　著

PATENT LINKAGE

知识产权出版社
全国百佳图书出版单位

图书在版编目（CIP）数据

探索药品专利链接制度/程永顺，吴莉娟著．—北京：知识产权出版社，2019.2（2019.7重印）

ISBN 978－7－5130－6107－0

Ⅰ．①探…　Ⅱ．①程…②吴…　Ⅲ．①药品—专利制度—研究—中国　Ⅳ．①D923.424

中国版本图书馆CIP数据核字（2019）第030077号

内容提要

为了鼓励药品创新，在《关于深化审评审批制度改革鼓励药品医疗器械创新的意见》中，明确了探索药品专利链接制度。本书在分析美国药品专利链接制度的基础上，比较了欧盟、日本、印度等国家的药品保护制度，同时，积极探索我国建立药品专利链接制度的可能性，为我国制药企业从业人员从事药品创新提供了借鉴。

责任编辑：王玉茂　　**责任校对**：潘凤越

封面设计：吴晓磊　　**责任印制**：孙婷婷

探索药品专利链接制度

程永顺　吴莉娟　著

出版发行：知识产权出版社有限责任公司　　**网　　址**：http：//www.ipph.cn

社　　址：北京市海淀区气象路50号院　　**邮　　编**：100081

责编电话：010－82000860转8541　　**责编邮箱**：wangyumao@cnipr.com

发行电话：010－82000860转8101/8102　　**发行传真**：010－82000893/82005070/82000270

印　　刷：北京建宏印刷有限公司　　**经　　销**：各大网上书店、新华书店及相关专业书店

开　　本：720mm×1000mm　1/16　　**印　　张**：10.75

版　　次：2019年2月第1版　　**印　　次**：2019年7月第2次印刷

字　　数：153千字　　**定　　价**：49.00元

ISBN 978-7-5130-6107-0

序　　言

药品不是普通商品，它是维持人类生命健康及保证生命尊严的必需品，具有公共产品的属性。每一名患者都希望吃到好药（安全、有效）、便宜的药（经济上负担得起）。这就需要有一套好的制度，激励药品创新，使创新药不断产生；同时鼓励药品仿制，使药品价格不断下降。因此，怎样才能鼓励新药研发和降低药品价格便成为全社会关注的永恒话题。

20 世纪 80 年代，在依据专利制度鼓励药品创新，使药品研发者获得更多利益之后愿意对药品研发进行更多投入；在尊重他人知识产权的前提下，使仿制药能够尽早上市，并保障仿制药和创新药同样安全有效，同时达到药品价格不断下降，不仅使患者有好药吃，还要保障药价相对便宜，使政府在医疗保障方面的负担不至于过重，美国国会在 1984 年通过了 Hatch – Waxman 法案，通过一系列法律制度实现上述目标。药品专利链接制度即是上述法案中主要的，也是最重要的内容之一。通过多年的实践，美国的药品专利链接制度被认为是平衡创新药和仿制药产业的典范。

我国于 1985 年 4 月开始实施专利制度，其中对药品专利的保护规定经过了一系列修改变化。但是最终没有改变药品以仿制为主，质量不高，药品创新能力不足的现状。为解决目前我国医药行业存在的问题，党中央从 2015 年 8 月开始全面启动医药改革，涉及了医药领域多个方面。2017 年 10 月 8 日，中共中央办公厅、国务院办公厅印发了《关于深化审评审批制度改革鼓励药品医疗器械创新的意见》。其中，在“促进药品创新和仿制药发展”部分明确了探索建立药品专利链接制度、开展药品专利期限补偿制度试点及完善和落实药品试验数据保护制度等内容。可以说，我国准备建立和完善“药品专利链接”“试验数据保护”“专利期补偿”制度的大方向已经明确。

但是，药品专利链接制度肇始于美国。鉴于中美两国在产业发展现状、法律传统与法律渊源、立法模式及司法制度上存在巨大差异，中国不可能完全照搬美国关于药品专利链接制度的规定与做法。中国药品专利链接制度之构建，需要立足于中国国情与实践，借鉴美国30多年的成功经验与教训，制定适应中国现状的制度规则，避免因规则制定不科学、不符合国情，最终在实施过程中偏离制度设计的初衷，无法取得积极效果。因此，如何在现有制度框架内，或者通过加强知识产权审判领域改革创新，建立适合我国国情的有效的药品专利链接制度，是当前亟待解决的问题。

作者近年来一直关注我国医药改革及医药专利保护问题，将研究成果编辑成书，尤其在如何建立中国的药品专利链接制度方面提出了相应观点及建议，供有关立法、司法、行政部门及业界同行研究时参考。

程永顺　吴莉娟

2018年8月24日

前　　言

药品是人类维持生命及保证生命尊严的必需品。鼓励新药研发和降低药品价格是其中的永恒话题。药品研发周期长、投入大，同时也面临成功率极低的风险，因此，需要借助于相关制度设计，对药品研发的成果予以充分保护，保证其能够获得高额收益，一方面激励医药企业进行新药研发和创新活动，另一方面也为新药的进一步研发提供资金支持，由此推动药品研发的可持续发展。根据世界卫生组织的统计数据，在 315 种基础药物中，目前仅有 3% ~5% 的药品仍受到专利保护，其中有 312 种基础药物都曾受到专利保护，可见，专利保护对新药研发做出了巨大贡献，专利制度是保证新药研发者收回其创新投入的关键制度保证。实现药品可及性的另一个因素是药品价格，降低药品价格则需要仿制药的发展。药品专利保护，通过公开换垄断，既是药品可及性的要求，也为仿制药的生产提供基础。其中最典型的案例是青霉素的发现，早在 1928 年，青霉素已经被发现，当时的发明人富兰克林宣称要把相关成果贡献出来，而不诉诸专利保护，结果是，直至 1942 年青霉素第一次被使用，在 1928 ~1942 年的 14 年时间里，无数人死于细菌感染。这是未能通过专利保护促进药品可及性的一个“可悲”的例子。

知识产权制度对我国来说是一个舶来品，我国的知识产权制度主要是在借鉴国外经验基础上建立的。处理药品问题，同样可以考虑借鉴国外经验，建立适合我国国情的制度。由于生物医药产业发展的大势所趋，近 10

年来，我国政府更是连续出台了一系列政策，旨在扶持我国医药产业的发展，特别是紧跟国际趋势，将生物医药产业的发展列为重中之重，鼓励和引导原研药物的研发，加速产业转型，努力由仿制药大国向原研药大国迈进。在国家对医药产业整体规划的大方向下，各项具体措施的实施是医药产业取得长足发展的主要推动力。

从权衡鼓励药品研发与降低药品价格两方面利益考虑，目前各国实施的药品保护制度主要有三种模式：一是以美国为代表的平衡原研药及仿制药发展的专利链接制度；二是以欧洲为代表的着重保护原研药的强数据保护制度；三是弱知识产权保护的印度模式。我国应该建立何种机制，最大程度上实现前述两种利益的平衡，需要综合考虑国际实践和我国国情。

2017 年 7 月 19 日，中央全面深化改革领导小组第 37 次会议审议通过了《关于深化审评审批制度改革鼓励药品医疗器械创新的意见》，其指出：药品医疗器械质量安全和创新发展，是建设健康中国的重要保障。要改革完善审评审批制度，激发医药产业创新发展活力，改革临床试验管理，加快上市审评审批，推进仿制药质量和疗效一致性评价，完善食品药品监管体制，推动企业提高创新和研发能力，加快新药好药上市，满足临床用药急需。

2017 年 10 月 8 日，中共中央办公厅、国务院办公厅印发了《关于深化审评审批制度改革鼓励药品医疗器械创新的意见》指出，我国药品医疗器械产业快速发展，创新创业方兴未艾，审评审批制度改革持续推进。但总体上看，我国药品医疗器械科技创新支撑不够，上市产品质量与国际先进水平存在差距。为促进药品医疗器械产业结构调整和技术创新，提高产业竞争力，满足公众临床需要，需要深化审评审批制度改革鼓励药品医疗器械创新。业界普遍认为，这个文件是医药改革的纲领性文件。

该意见第三部分“促进药品创新和仿制药发展”明确了以下几项工作：

“（十五）建立上市药品目录集。新批准上市或通过仿制药质量和疗效一致性评价的药品，载入中国上市药品目录集，注明原研药、改良型新药及与原研药品质量和疗效一致的仿制药等属性，以及有效成分、剂型、规格、上市许可持有人、取得的专利权、试验数据保护期等信息。

“（十六）探索建立药品专利链接制度。为保护专利权人合法权益，降低仿制药专利侵权风险，鼓励仿制药发展，探索建立药品审评审批与药品专利链接制度。药品注册申请人提交注册申请时，应说明涉及的相关专利及其权属状态，并在规定期限内告知相关药品专利权人。专利权存在纠纷的，当事人可以向法院起诉，期间不停止药品技术审评。对通过技术审评的药品，食品药品监管部门根据法院生效判决、裁定或调解书作出是否批准上市的决定；超过一定期限未取得生效判决、裁定或调解书的，食品药品监管部门可批准上市。

“（十七）开展药品专利期限补偿制度试点。选择部分新药开展试点，对因临床试验和审评审批延误上市的时间，给予适当专利期限补偿。

“（十八）完善和落实药品试验数据保护制度。药品注册申请人在提交注册申请时，可同时提交试验数据保护申请。对原研药、罕见病治疗药品、儿童专用药、创新治疗用生物制品以及挑战专利成功药品注册申请人提交的自行取得且未披露的试验数据和其他数据，给予一定的数据保护期。数据保护期自药品批准上市之日起计算。数据保护期内，不批准其他申请人同品种上市申请，申请人自行取得的数据或获得上市许可的申请人同意的除外。”

至此，著者认为，中国准备建立和完善“药品专利链接”“试验数据保护”“专利期补偿”制度的大方向已经明确。但是，中国作为成文法国家，如何在现有制度框架内，或者通过加强知识产权审判领域改革创新，建立适合我国国情的有效的药品专利链接制度，是当前亟待解决的问题。

缩略词表

纯食品与药品法案（Pure Food and Drugs Act）

美国食品药品管理局（FDA）

美国医学协会（AMA）

联邦食品、药品与化妆品法案（Federal Food，Drug and Cosmetic Act，FFDCA）

新药申请（New Drug Application，NDA）

卡法尔—哈里斯法案（Kefauver-Harris Amendment）

药品价格竞争与专利期补偿法案（Drug Price Competition and Patent Term Restoration Act），Hatch-Waxman 法案

美国专利商标局（USPTO）

简化新药申请（Abbreviated New Drug Application，ANDA）

医疗保险处方药与现代化法案（Medicare Prescription Drug，Improvement，and Modernization Act，MMA）

更易获得可支付药品法案（Greater Access to Affordable Pharmaceutical Act，GAAP）

联邦公报（Federal Register）

“不许接触”（no contact）

申报前会议（Pre-IND Meeting）

会议纪要（MEMO）

孤儿药（Orphan Drug，ODE）

儿科用药（PED）

经治疗等同性评价批准的药物（Approved drug products through therapeutic equivalence evaluation）

专利悬崖（patent cliff）

单方法院禁令（ex-parte injunction）

印度药品监管总局（DCGI）

“告示系统”（notification system）

宣告式判决（declaratory judgment）

参比制剂（Reference Listed Drug，RLD）

标准制剂（Reference Standard，RS）

联邦贸易委员会（Federal Trade Commission，FTC）

上市许可持有人（Marketing Authorization Holder，MAH）

公共健康服务法（the Public Health Service Act）

联邦巡回上诉法院（the United States Court of Appeals for the Federal Circuit，CAFC）

新化学实体（New Chemical Entity，NCE）

仿制药使用者付费法再授权（Generic Drug User Fee Act Reauthorization，GDUFA II）

生物类似药使用者付费法再授权（Biosimilar User Fee Act Reauthorization，BsUFA II）

美国发明法案（America Invents Act，AIA）

专利审判及上诉委员会（Patent Trial and Appeal Board，PTAB）

多方复审（Inter Parte Review，IPR）

目　录

上篇　国外篇

下篇　中国篇

◉ 上篇　国外篇

第 1 章　药品是一种特殊的商品

一、药品与人民生活密切相关

药品是特殊商品，和其他商品一样具有商品属性，同样经过生产、流通、消费等过程。药品只有用于交换、成为商品后才成为药品，才具有了使用价值。药品的使用价值体现为预防、治疗和诊断疾病。同时，由于药品与人类的生命健康密切相关，使得其又不完全与其他商品相同。药品是直接用于人体防病治病、解除患者痛苦、挽救患者生命的物质；药品虽然直接用于人体，但在绝大多数情况下，不能自己选购，而是经医生诊断开处方后购买；药品是生理活性物质，用很小的剂量即可发挥局部或全身作用；使用药品必须对症下药，才能药到病除，否则，不仅不能治病，反而还会加重病情，甚至危及生命。总之，药品与人的生命健康休戚相关，也关系到民族、国家的可持续发展。正因如此，党和政府历来重视药品监督管理工作，早在 1984 年就颁布了专门监督管理药品的法律——《中华人民共和国药品管理法》。

根据《中华人民共和国药品管理法》第 102 条关于药品的定义：

药品是指用于预防、治疗、诊断人的疾病，有目的地调节人的生理机能并规定有适应症或者功能主治、用法和用量的物质，包括中药材、中药饮片、中成药、化学原料药及其制剂、抗生素、生化药品、放射性药品、血清、疫苗、血液制品和诊断药品等。

药品的特殊性主要表现在以下几个方面：

（1）药品的专属性：药品专用于治病救人，必须在医生的指导下使用，患什么病，用什么药，不像一般商品那样简单地进行彼此之间的互相替代。

（2）药品的两重性：药品用之得当，可以治病；使用不当，失之管理则可危害健康，甚至致命。例如，盐酸吗啡，使用合理是镇痛良药；管理不善、滥用又是成瘾的毒品。

（3）质量重要性：药品用于治病救人，只有符合法定质量标准的药品才能保证疗效。为此，国家制定了《药品管理法》等一系列与药品注册、监管相关的法律法规，对药品严格监督管理，并制订和颁布了各级各类药品标准，规定了严格的检验制度，以保证药品的质量。

（4）药品的限时性：人只有患病时才需要用药，但药品生产、经营部门就建立药品适当储备制度，避免患病时无药可用的现象。有时药品虽然需用量少，效期短，宁可到期报废，也要有所储备；有些药品即使无利可图，也必须保证生产供应。

二、药品研发具有其特殊性

新药的研究开发具有“五大一长”的特点，即投资大、风险大、难度大、意义大、市场大和周期长。① 一般认为，每检索 5000 ~ 10000 个化合

① 美国的医药专利保护 Hatch-Waxman 法案［EB/OL］.［2017-12-04］. http：//blog. sina. com. cn/s/blog_ 6919f05401019sax. html.

物，只有 250 个化合物能够进入临床前的药理学及安全性测试；而前述 250 个进入临床前测试的化合物中，只有 5 个化合物能够进入临床药理学及安全性测试；最终能够成功获得药品管理部门批准并上市销售的只有 1 ~2 种化合物。从发现化合物到药品最终获得上市许可，平均耗费的时间为 11 ~15 年，这还不包括药品上市后的监测与改良。全部研发成本投入往往达到数十亿美元。塔夫茨大学药物研究中心的数据显示，每一种新药的平均成本（包含药物失效成本和时间成本）为 26 亿美元，平均耗时 14 年，新药研发成功率平均为 18%，进入临床阶段药物最终能够得到批准的比例更低。①

以澳大利亚的抗癌药物 Venetoclax 为例，这款针对白血病的药物由澳大利亚和美国科学家共同研发，临床试验为 4 年，并且在 116 名患者身上显示出良好的效果。事实上，Venetoclax 早在 30 年前已被研发出来的。经过 30 年的反复试验，终于在 2016 年首次用于人体试验，并于近期获批上市，因此，药品只有经过反复检验，确保安全后才开始大规模生产。②

就国内制药企业而言，数据统计显示，国内 7 家制药企业 2017 年上半年的研发投入约 32 亿元，如表 1 所示。

表 1　我国 7 家制药企业 2017 年上半年研发投入情况③

单位：亿元

企业名称	营业收入	研发投入	同比增长	研发占营业收入
恒瑞医药	63.45	7.82	60.03%	12.32%
复星医药	83.53	6.26	28.12%	7.49%
科伦药业	49.42	3.93	29.54%	7.95%
上海医药	657.79	3.73	29.58%	4.97%
健康元	54.43	3.55	32.12%	6.52%

① 药物研发的成功率到底有多少？［EB/OL］.［2018-10-02］. http：//app. myzaker. com/news/article. php？pk =5bb32ccc7ac64570605c038.

② 伟大胜利：澳洲抗癌新药终于上市发售！成功治愈白血病等癌症！［EB/OL］.［2018-12-14］. https：//news. china. com. au/.

③ 半年花了 32 亿，看看这 7 大药企研发实力有多强［EB/OL］.［2017-09-14］. https：//www. sohu. com/a/192006844_293363.

续表

企业名称	营业收入	研发投入	同比增长	研发占营业收入
海正药业	55.05	3.47	1.10%	6.30%
人福医药	68.62	3.24	52.75%	4.72%
合计	32.00			

三、原研药与仿制药的平衡发展

药品是人类维持生命及保证生命尊严的必需品，实现药品可及性（即让社会公众有好药可吃）需要同时考虑促进新药研发和降低药品价格两方面因素。前者为“有好药”的关键，后者为“有药可吃”提供基础。

鉴于药品研发的特殊性，有必要借助相关制度设计，对药品研发成果予以充分保护，为其获得高收益提供关键制度保障，由此推动药品研发的可持续发展，真正实现“有好药”。实际上，根据世界卫生组织的统计数据，315 种基础药物中，312 种基础药物都曾受到过专利保护。借助专利制度保护药品研发，通过公开换垄断，为仿制药的生产提供基础。其中最典型的案例是青霉素，早在 1928 年，青霉素就已经被发现，当时的发明人富兰克林宣布要把相关成果贡献出来，而不采取专利保护，但结果是，直至 1942 年青霉素才第一次被付诸实际使用。而在 1928 ~ 1942 年的 14 年时间里，无数人死于细菌感染。

充分利用专利数据可以有效地、低成本地降低上述风险。现在，包含制药在内的很多行业普遍采用专利进行市场竞争，其中生命科学、软件平台和生物制药企业对专利的关注越来越多。

在药物开发早期，专利方面没有优势的企业很有可能由于一个关键信息的缺失而导致百万美元的损失。将专利数据作为大数据分析的关键因素，可以帮助药物的研发过程更加有针对性，少走弯路，从而增加整个新药研发的成功率。

研究成果的发表需要很长的时间，远远超过常规的 18 ~ 24 个月。并且，大部分发表的论文未涵盖所有的研究内容，这导致一个很严重的后果。据欧洲专利局统计数据表明，30% 的研发支出浪费在现有发明的重复开发上。其实，基本的实验室结果通常都可以在专利中找到，这些信息可以避免研发人员浪费时间重复他人已经完成的实验。[①]

实现药品可及性还需要降低药品价格，这就需要促进仿制药的发展。仿制药发展的基础是有药可仿，有能力可仿。前者需要后者则需要通过制度设计，激励仿制药企业提高仿制能力，使其所仿制的“好药”是真正有效替代原研药的“便宜的好药”。通过专利制度原研药可以在独占期内收回成本，这也导致专利保护期限内原研药价格偏高。专利到期之后，仿制药参与市场竞争则会显著降低药品价格，对于大量吸引仿制药企业的药品，平均仿制药价格可能降低到品牌价格的 20% 以下，[②] 因此在专利到期后仿制药的及时上市对促进竞争和公共健康具有重要意义。

---

① 曹欣，胡健飞，孟鲁洋．企业专利信息利用及检索［J］．农业图书情报学刊．2005，(9)：120 - 122.

② FDA. Generic Competition and Drug Prices [EB/OL]. [2018-02-22]. https://www.fda.gov/AboutFDA/CentersOffices/OfficeofMedicalProductsandTobacco/CDER/ucm129385.htm.

第2章　美国 Hatch-Waxman 法案的出台及其修正

一、美国 Hatch-Waxman 法案的出台背景

1. “磺胺酏事件”及其影响

美国于1906年通过了纯食品与药品法案（Pure Food and Drugs Act），该法案并不要求药物在销售之前在动物或者人体进行安全性检测，不要求药厂提供有效证据。1912年，美国国会通过了纯食品与药品法案的修正案，其规定如果美国食品药品管理局（FDA）认为药厂存在虚假广告行为，比如某药厂宣称它的某种药能够治疗某种肿瘤，FDA不能依靠证明药品是否有效作出审批决定，应依靠证明该药品确实无效进行决定。这一情况一直持续到1937年，美国社会发生了著名的“磺胺酏事件”。

美国一家企业生产了一种抗链球菌很有效的磺胺药物，在其片剂和粉末剂型获得了成功应用之后，市场上出现了液体剂型的需求。1937年，这家企业的主任药师瓦特金斯（Harold Wotkins）为使小儿服用方便，在未进行动物实验的情况下，用二甘醇代替酒精作为溶媒，配制适合小儿服用的口服液体制剂，即“磺胺酏剂”。该液体制剂在美国田纳西州的马森吉尔

药厂投产后，并于当年 9 月全部进入市场，用于治疗感染性疾病。仅在投产后的 1 个月内，美国南方一些地方开始发现肾功能衰竭的患者数量增加。同年 10 月 11 日，美国医学协会（AMA）怀疑这种磺胺制剂导致了死亡，其通过检测发现，作为溶剂的二甘醇有毒，AMA 随即发布了警告。10 月 14 日，一位纽约医生通知 FDA 有 8 名儿童和 1 名成人死亡。FDA 调查发现，9 位死者均服用了这种磺胺酏剂。FDA 立即广泛发布公告，开始追回所有上市磺胺酏剂，最终发现在 358 名患者中，107 人死亡，其中大多数为儿童。[①]

"磺胺酏事件" 成为 20 世纪影响最大的药品事故之一。针对该事故，美国国会于 1938 年通过了联邦食品、药品与化妆品法案（Federal Food, Drug and Cosmetic Act，FFDCA），该法案开启了影响深远的新药申请流程（NDA）；授权 FDA 对新药进行严格审查，只有制药企业证明安全、有效的新药，才能上市销售；要求药品制造企业对药物加以充分说明，在药品说明书中必须列举所有的有效成分和警告，并配以详细的安全使用说明。如果发现药品对健康有影响，FDA 有权禁止其销售。

2. "反应停事件" 及其影响

FFDCA 法案的实施使得美国避免了欧洲出现大量畸形儿的 "反应停事件"。20 世纪 60 年代，欧美至少有 15 个国家的医生都在使用格兰泰药厂研制的沙利度胺（即 "反应停"）治疗妇女妊娠反应，很多人吃了之后，恶心的症状得到了明显改善，因此，它成了 "孕妇的理想选择"（当时的广告用语）。"反应停" 获得了大量生产和销售，仅在联邦德国就有近 100 万人服用过 "反应停"，"反应停" 月销量达到了 1 吨的水平。在联邦德国的某些州，患者甚至不需要医生处方就能购买到 "反应停"。后来就发生了震惊世界的事故，许多新生婴儿都是短肢畸形，形同海豹，被称为 "海豹肢畸形"。澳大利亚产科医生威廉 · 麦克布里和德国儿科医生伦兹博士

① 王重阳．磺胺酏剂事件［EB/OL］．［2017-12-04］．http：//blog. sina. com. cn/s/blog_ 63a60aae0102vooe. html.

经过调查在1961年发表文章，认为“反应停”是妊娠期母亲为缓解女性怀孕早期的呕吐反应所服用的一种药物，它是造成畸形婴儿的罪魁祸首。截至1963年，在世界各地，如德国、美国、荷兰和日本等地，受其影响的婴儿已多达1.2万名。[①] 1960年8月，新加入FDA负责审查药物的弗朗西斯·凯尔西接手了理查森·梅里尔企业提交的商品名为Kevadon的药品上市常规申请书，该商品正是“反应停”。基于相关报道，凯尔西对“反应停”的安全性产生怀疑，要求梅里尔企业提供更多的动物试验数据和所有临床试验数据，证明该药品真正安全。梅里尔企业一方面提交了该产品的欧洲动物试验和临床试验数据，另一方面在美国进行了大规模的试验（当时这样的试验是合法的）。凯尔西对它们的数据并不满意，认为“反应停”会影响到胎儿。同时，她也承受着巨大的压力，包括药厂、游说集团以及妇女界的压力，但她还是坚持一个词——安全。当这场大风暴来临后，各国纷纷将“反应停”强行下架。梅里尔企业火速收回发出的药品，但美国还是出现了17例海豹肢症婴儿。凯尔西在“反应停”申请中的坚持和勇气，避免了成千上万名美国婴儿的出生缺陷。[②]

此后，美国更加重视药品的安全问题，并于1962年通过了卡法尔—哈里斯法案（Kefauver-Harris Amendment）。该法案规定，任何药物在上市之前除了需要被证明是安全的，还必须是有效的；并授权FDA对1938年以来申请上市药物的有效性重新进行审查，否则不得继续销售；将原属联邦贸易委员会的处方药广告监管权划归FDA；授权FDA对新药研发和产品生产的每一个步骤进行监控。该法案又被称为“零风险管制”，是美国食品和药品“零风险管制”政策体系的重要组成部分，该理念的主导地位持续了近30年。[③]

---

① 反应停事件［EB/OL］．［2017-12-04］．https：//baike. baidu. com/item/% E5% 8F% 8D% E5% BA% 94% E5% 81% 9C% E4% BA% 8B% E4% BB% B6/6237861？fr = aladdin.

② 她阻止了美国一场巨大的药物灾难［EB/OL］．［2017-12-04］．http：//www. 360doc. com/content/15/0812/08/21960292_ 491110717. shtml.

③ 陈永法，胡廷熹．浅析FDA管理药品的成功经验［J］．药学进展，1999，1：37－39.

卡法尔—哈里斯法案在赋予 FDA 针对上市前药物安全性和有效性审查，从而避免类似“反应停”事件发生的权利的同时，让原研药企业和仿制药企业不得不加大研发投入，承担了沉重的研发成本，对原研药和仿制药上市产生了极大影响；一方面，由于原研药必须进行临床安全性和有效性试验，其专利保护下的市场独占期大幅度下降，有研究表明，1966～1979 年，美国原研药在专利保护下的市场独占期由平均 13.6 年降至平均 9.5 年，大大减少了原研药所获得的收益；依照该法案要求，所有药品都需要进行临床安全性和有效性试验，大大增加了原研药企业的研发投入，从而影响了其新药研发的积极性。另一方面，根据该法案，即使是仿制药仿制已被证明安全、有效的原研药，也必须重新进行药物临床安全性和有效性研究，导致仿制药企业研发投入也持续增加，严重打击了仿制药企业生产仿制药的积极性，导致许多原研药专利保护期届满却没有相应仿制药出现的局面，使得所有药品价格长期居高不下。没有仿制药的竞争，原研药企业也失去了创新的紧迫感，整个产业进入了恶性循环。①

高昂的药品价格不仅使广大患者难以承受，也大大增加了政府的医疗保障支出。当时，美国政府的保障支出一度达到其国民生产总值的 14%。总之，FDA 的监管机制打击了创新型制药企业投入新药研发的积极性，同时也阻碍了低价仿制药进入市场。原研药企业、仿制药企业和消费者三方均付出沉重代价，而 FDA 烦琐的监管审批流程则被视为导致药价上升的罪魁祸首。

3. Hatch-Waxman 法案的出台

1980 年，美国共和党重新掌控参议院，来自犹他州代表原研药企业利益的保守共和党成员 Orrin Hatch 成为参议院劳工委员会的主席。该委员会主要负责 FDA 和药品审批程序的司法管辖，因此，此项改革是否作为一个优先解决的问题，成了它的职责所在。直到 1984 年春天，Hatch 才成功说

① 师夷长技：看美国如何成为第一制药强国［EB/OL］.［2017-12-04］. http：//www. z3z4. com/a/4m6sizd.

服国会和公众，使他们认可这项议案的必要性。Hatch 找到了有意愿的盟友，即代表仿制药企业利益的自由民主党众议员 Henry A. Waxman，他也是美国政府卫生小组委员会的主席。他们都明白，让各利益相关方达成一致的唯一方式，就是促使原研药企业和仿制药企业达成共识——只有合作，才有利可得。最终，在两人和产业界的紧密合作和共同努力下，1984 年 9 月 24 日，时任美国总统里根签署了药品价格竞争与专利期补偿法案（Drug Price Competition and Patent Term Restoration Act），即“Hatch-Waxman 法案”，该法案以两位提案人命名。① 这部法案的出台，提升了美国仿制药企业的竞争能力；大幅缩减了消费者的药品费用支出负担；同时，药品创新得到了更加有效的保护。

二、Hatch-Waxman 法案及其修正

1. Hatch-Waxman 法案的主要内容

第一，专利保护期补偿，即通过延长专利保护期来弥补 FDA 对新药申请（NDA）审批所损失的时间，使得原研药企业研发的新药能够获得充分保护，以达到促进创新的目的。制药企业在进行新药开发时，通常在完成新药的结构筛选后，就需要申请专利保护。由于药品的特殊性，在上市前还需要进行一系列临床试验验证其相关的安全性和有效性，因此，大多数原研药在获准上市时，已经耗费了专利保护期限的一半，剩余的保护期限远不足以让原研药企业收回成本。Hatch-Waxman 法案则规定了权利人可以选择产品专利、用途专利或者方法专利中的一种来延长保护期限，但是延长专利期限的药品必须满足一定条件，包括产品专利尚未到期、专利没有

---

① 王鑫，甄橙．回忆美国 Hatch-Waxman 法案制定过程中的博弈［J］．中国卫生人才，2017，(9)：90－91.

经过延期、产品必须经过 FDA 审批并取得上市许可。获得药品专利期限的延长可以有两种途径：一种是针对所有专利，因美国专利商标局（USPTO）审查延误而给予的补偿；另一种是因药品上市前行政审批所耗费时间的补偿。延长时间一般为 5 年，从上市之日起，最多不超过 14 年。由于申请人未尽到应有的注意义务而导致专利期延误的，该期间将不计入延长期内，而且同一药品只能申请一次专利保护期延长。①

第二，增设 Bolar 例外条款（又称“试验豁免例外”条款），该条款的目的是推动提前启动仿制，保证仿制药及时上市。Bolar 例外是由 *Bolar v. Roche* 案催生的专利侵权例外规定。1983 年，Bolar 制药企业为尽早上市罗氏（Roche）研发的安眠药盐酸氟西泮仿制药，在该产品专利届满前，从加拿大进口了该药物的原料化合物，开展了生物等效性试验等申请仿制药物上市许可所需的研究材料。1983 年 7 月 28 日，罗氏诉 Bolar 制药企业专利侵权，经过二审，联邦巡回上诉法院（CFCA）审理认为，为仿制药品进行的生物等效性试验是有商业目的的，不属于专利法中不视为侵权的实验研究，最终判定 Bolar 企业侵权。但法院同时提出，在专利保护期终止前禁止仿制药品的试验实际上变相延长了专利保护期，这一矛盾应通过立法解决。Bolar 企业以败诉为代价推动了美国药品专利保护制度的修改，该规则最终在 Hatch-Waxman 法案中得以确立，即“目的在于单纯为了获得和提交仿制药审批所需的信息，而在美国制造、销售、许诺销售或者向美国进口专利药品或专利医疗器械的行为不构成侵犯专利权行为”。该条款平衡了原研药企业专利权期限过短和促进仿制药尽快上市之间的矛盾，为仿制药在原研药专利期届满前尽快获得上市审批所需的数据提供了法律依据，从而在很大程度上缩减了仿制药进入市场所需的时间，有效地激发了仿制药企业的积极性。同时，也削减了原研药在专利期届满后享有的实质性垄断，促进了仿制药的发展。这一内容在 2008 年我国《专利法》第三次

① 陈小娟 . Hatch-Waxman 法案专利链接制度详解［EB/OL］.［2017-12-04］. http：//www. phirda. com/newsinfo. aspx? id =16882.

修改时已被纳入。[①]

第三，通过专利链接制度加快仿制药上市。一方面，该法案极大地简化了仿制药的审批程序，仿制药企业申请仿制药上市时，无须重复进行已经证明的安全性和有效性研究，只需参照原研药标准进行相应的生物等效性研究，向 FDA 提交简化新药申请（ANDA），证明该仿制药与原研药具有相同的活性成分、生产工艺、剂型、用量和生物等效性即可。另一方面，规范化了仿制药企业对原研药专利的挑战过程，其规定了申请仿制药时必须同时提交以下 4 种有关原研药专利状态的声明之一：（Ⅰ）橘皮书中没有相关药物的专利登记信息；（Ⅱ）与 ANDA 相关药物的专利已过期；（Ⅲ）相关药物的专利到期日，同时声明在相关药物专利到期前不上市；（Ⅳ）不侵权或者相关专利无效的声明。以第Ⅰ段、第Ⅱ段声明为基础的仿制药申请，只要满足了所有法规和科学要求之后就会被批准；以第Ⅲ段声明为基础的仿制药申请，则要等到专利期届满后，才能得到批准；以第Ⅳ段声明为基础的仿制药申请，则会启动专利挑战程序。仿制药企业一旦挑战成功，则将成为首仿企业并获得 180 天的市场独占期。

第四，首次引入药品试验数据保护制度。试验数据是指原研药企业为获得新药批准上市而向药品管理机构提交证明该药品有效性和安全性的一系列试验数据。仿制药企业提交 ANDA 申请时，仅需验证其生物等效性与原研药一致，无须进行大量的临床前试验和临床试验，仿制药企业可以以很低的成本仿制原研药并通过 ANDA 程序申请上市，其投资成本和风险大大降低。为了杜绝仿制药企业“搭便车”，借用原研药企业耗费大量时间和金钱取得的数据进行注册申报，该法案专门规定了在数据保护期内不仅仿制药企业无权使用原研药企业的试验数据，药品管理机构也无权参考原

① 赵曦．原研药与仿制药的较量——美国 Hatch-Waxman 法案简介［J］．中国发明与专利，2009，(10)：80－81.；陈小娟．Hatch-Waxman 法案专利链接制度详解［EB/OL］．［2017-12-04］．http：//www. phirda. com/newsinfo. aspx？ id＝16882。

研药企业的试验数据对仿制药进行审批。①

根据药品类型不同，其数据独占期限也各不相同，①最主要的是新药的数据独占期，即含有新化学实体的原研药，从该药品获得 FDA 批准之日起享受 5 年独占保护期；②对于增加了新适应症或新用途及其他变化类型的已批准的药品，数据保护期从提出增加新适应症或新用途的新药申请或补充申请被批准之日起享受 3 年独占保护期；③对于同一种新药的剂型变化只能获得 1 次 3 年数据保护期，不能累加；④如果仿制药申请人提交了第Ⅳ段声明的 ANDA，则数据独占保护期限降为 4 年，即在数据保护期限 4 年届满后，FDA 可以受理第Ⅳ段声明的 ANDA，相应地，专利挑战的遏制期也延长至 42 个月；⑤如果该新药是孤儿药品，也就是罕见病药品，则可以享受 7 年的数据保护期；⑥如果该新药是儿科药品，则在 3 年、5 年或 7 年独占保护期的基础上再增加 6 个月的数据保护。②

2. Hatch-Waxman 法案的修正

随后，美国联邦贸易委员会研究发现该法案存在一些漏洞，对此，美国国会于 2003 年通过了医疗保险处方药与现代化法案（Medicare Prescription Drug，Improvement，and Modernization Act）和更易获得可支付药品法案（Greater Access to Affordable Pharmaceutical Act，GAAP），对 Hatch-Waxman 法案进行了修正，旨在完善药品专利链接制度，更好地平衡各方利益，防止反竞争行为进一步发展。根据新的修正案，原研药企业对每种药品只能提出一次 30 个月延迟期的申请，如果在 30 个月延迟期结束之前，法院认定原研药企业的专利无效，以便允许仿制药上市，并澄清其允许在同一天提出 ANDA 的多个申请人共享“180 天独占期”。同时，如果一个申请人

① 诸葛明．药品专利保护 VS 药品试验数据保护———不同国家药品专利保护与药品试验数据保护届满期的计算［EB/OL］．［2017-12-04］．https：//wenku. baidu. com/view/7c0008292f60ddccda38a059. html.

② 褚童．论药品试验数据保护中的数据独占保护制度［J］．金陵法律评论，2013，（1）：296 - 306.

在法院批准后的75天之内未能上市其仿制药，该申请人便失去了其应有的独占权。

为了保障专利链接制度的有效实施，在制度层面上，一方面，美国专利法在其第271（e）（1）条对Bolar例外作了明确规定，即“如果单纯是为了获取法律要求的向药品管理部门提出审批时使用的信息，在美国制造、销售、许诺销售或者向美国进口被授予专利的发明的行为不构成侵犯专利权”。该条款为仿制药企业在原研药专利期届满前尽快获得上市审批所需要的数据提供了法律依据，可以有效促进仿制药尽早进入市场。另一方面，在其第271（e）（2）条中规定了拟制侵权（artificial act of infringement）。美国专利链接制度的一个重要目的是，使原研药持有人和仿制药申请人能够尽早确定专利状态，尽量在药品上市之前解决专利纠纷。Hatch-Waxman法案创设拟制侵权的规定，即任何人在他人的药品专利保护期内向药品行政监督管理部门提出新药注册申请或者仿制药注册申请的行为，均构成侵犯专利权的行为，为专利到期之前仿制药申请人提出专利挑战时，专利权人或者专利持有人向法院提起侵犯专利权诉讼提供了法律依据。

在专利链接制度中，FDA、USPTO以及法院的职责范围和内容并没有变化。FDA主要负责药品安全性、有效性的监督管理工作，不具有与专利权相关的行政执法职能，更不具有“专利无效”或“侵权”判决和裁决的管辖权；USPTO负责专利有效性等问题的审查；法院依照正常的程序审理案件。在实践中，FDA并不会就橘皮书所记载专利的准确性及效力，专利权人和仿制药申请人的通知、声明的准确性向USPTO或者法院进行核实，而仅依据法律设定的流程履行其职责。

总的来看，这套较为完整的专利链接制度，通过设立药品注册与药品专利之间的衔接渠道来增进制药行业的竞争，最终促进原研药和仿制药的共存发展。

三、毁誉参半的 Hatch-Waxman 法案

事实上，1989 年的美国也曾面临这样的挑战。① 1984 年，美国国会通过 Hatch-Waxman 法案，该法案允许药厂在药品专利过期后，利用药品的生物利用度和生物等效性数据，即可向 FDA 提交仿制药的 ANDA 流程，从而为仿制药企业人开绿灯。

该法案通过后的几年内，仿制药的研制和申报数量迅速增长，药品价格大幅下降的同时，处方和仿制药的销售量增加，普通患者使用专利过期的药品可以得到更多实惠。

由于首仿药企业可以获得更多的巨额回报，仿制药行业的迅速发展使竞争越发激烈，提交 ANDA 申请的企业争相成为首家上市的仿制药企业，以获取 180 天的独占保护期。因此，围绕首仿权的争夺愈演愈烈，贿赂 FDA 官员的情形也难免出现，导致各种阴谋、腐败屡见不鲜。

1989 年 7 月，美国著名的仿制药企业迈兰在申报多项 ANDA 的过程中，发现其药品申报较早，却迟迟不见批准，而其竞争对手的药品申报较晚，却连续获得批准，屡占上风。

迈兰董事长罗依 · 麦克奈特怀疑 FDA 审批偏心，针对这个问题向 FDA 申诉，但是，FDA 并没有给出什么说法。在此情况下，麦克奈特决定雇用私人侦探调查，他认定 FDA 有内鬼。

于是，迈兰企业雇用私人侦探对包括 FDA 仿制药评审室技术方面官员在内的行政官员进行调查。其实办法很简单，私家侦探守在官员住所附近，趁这些官员不注意，去翻他们倒出来的垃圾。

---

① FDA 也曾面临仿制药申请的欺诈与虚报［EB/OL］.［2017-12-04］. http: //www. imshealth. com/portal/site/imshealth.

垃圾桶果然是百宝箱，很多官员受贿的证据，以及虚假申报的材料被发现了，麦克奈特整理了这些材料，他得出的结论是，他的竞争对手的申请材料存在虚假数据，并欺骗和贿赂 FDA 评审官员，得到了审批上的优惠。

不过，迈兰担心遭到报复，没敢把自己的调查结果直接提交给 FDA，只是把投诉和证据提交给国会下属的司法委员会。随着司法部门的介入，一场席卷 FDA 的风暴开始了。

收到举报材料之后，一向不喜欢 FDA 的华盛顿官员觉得，这正是整顿 FDA 的好机会，时任国会司法委员会主席约翰·丁格尔，立刻要求司法部和 FDA 组成联合小组，经过一年的调查取证后发现，同时 FDA 也发现有些药厂申报资料中存在虚假的数据，有些药厂的实际生产和申报工艺不一致。更有甚者，竟将原研药经过包衣后进行生物等效性实验，然后用于报批。

为此，有 42 名相关人员（包括 FDA 官员和制药企业高管）及 10 家企业被定罪并受到严惩。时任 FDA 仿制药审查部主任——47 岁的查尔斯·王和他的两位幕僚，因收受价值 2.43 万美元的礼物和招待费用（如豪华游轮和酒店费用）被定罪判刑。

受此事件影响，在一项民意调查中，9% 的百姓表示不考虑使用仿制药。此后，仿制药的销售持续低落。

这场风波过后，新任总统老布什开始着手解决仿制药审批面临的问题。一场针对仿制药质量的清查开始了，FDA 组织人马，从 30 种处方量最大的仿制药中抽查了 2550 种仿制药样品和成品，逐一进行样品质量分析和测试；对 36 家最大的仿制药企业和 12 家外包生产厂家，进行现场考核和注册材料抽查。在使用 17 个检测中心和 300 多名专业人员对占 30% 市场份额的药品进行分析测试，仅发现 27 个产品不合格，占测试样品的 1%。

对于 24 种治疗窗（有效剂量和有毒副反应剂量接近）狭窄的药品，FDA 还进行了至少 3 批生产批次的抽样调查。接受测试的 429 个样品中既有仿制药，也有原研药，其中仅有很少一部分样品测试不符合美国药典标准。

不遵守 GMP 管理规范的问题在仿制药和原研药企业的发生率几乎相同。鉴于上述事实和数据，FDA 相信“仿制药丑闻”基本属于个案，并未涉及全行业的仿制药产品质量和安全问题。同时这一次清查也发现，并不能把责任完全推卸给制药企业，并非制药企业带坏了官员，而是 FDA 本身的机制有问题。

四、仿制药实施法的实施

为了避免 FDA 个别官员的腐败行为，布什总统在 1992 年 5 月 13 日签署了仿制药实施法。该法为防止申报材料作弊提供了防卫措施，并授权 FDA 可矫正任何犯罪行为。仿制药实施法修正了食品、药品和化妆品法第 306（d）（4）条，规定了强制性永久终止作弊人员在制药行业的职业生涯。

如果某人或团体被 FDA 下了“禁令”，任何从事上市的药品申报主办者及其有关单位都不得雇用此人。因为药品的申报机构必须向 FDA 递交宣言书，宣言其制药企业以及参与所申报药品研制、生产和实验的所有有关单位不曾用过、将来也不会录用在 FDA“禁令”名单上的人员。没有此项宣言书，FDA 不接受其药品申请，仿制药或原研药一视同仁。

仿制药实施法授权 FDA 可以对任何严重违反药品法规的个人或团体发布禁令，禁止被禁人员或团体参与在美国产品上市有关的制药行业的任何活动。

因此，仿制药实施法常被称为禁令法。当某人或某团体被下了禁令，FDA 将在其官方刊物《联邦公报》（*Federal Register*）公布该禁令。虽然还有一种暂时性的“禁令”，即便禁令仅仅是一天，污名都会永远在禁令名单上。FDA 将历年被列入禁令单的个人和团体发布在其官方网站上，并不断更新，公众可以随时查看，也可向 FDA 索取。

这种强化机制导致许多仿制药企业从 FDA 撤回其仿制药申报资料。撤回的原因则是它们缺乏详细的数据和步骤来证明其申报药品。

在 FDA 的官方网站上，官员的行为准则、职业道德行为规范等都有明确规定。比如 FDA 官员或职员在任何场合，不得直接或间接接受任何人或机构的礼品、钱财或其他商业上的好处；FDA 人员到现场考核，一概拒绝药厂款待、宴请和礼物；FDA 官员受邀参会演讲，演讲嘉宾需要自掏腰包（再向政府报销），不得收取出场费和演讲费。

FDA 职员必须公开其当前的商业利益关系，只要与其监管审批的行业有关联，无论是上市企业还是私人企业，无论是董事、高管、顾问还是股票期权持有者，都必须如实公开，并逐一清理，不得以亲戚或配偶子女的方式持有。例如，FDA 前局长莱斯特·克劳福德曾向联邦政府撒谎，隐瞒其拥有一家生物技术企业股票期权等事实，随后被起诉和定罪，虽然其涉案金额只有 2.87 万美元，但已构成刑事犯罪，正因如此，他在担任 FDA 临时局长还不到 1 年即匆匆宣布辞职。

此外，FDA 官员在离职以后，不可变换身份服务于原岗位曾审核的项目或企业，FDA 资深官员还有额外的“不许接触”（no contact）限制，这取决于之前的薪水级别和工作责任，以及离职后关联工作的涉足程度，不许接触的时间限制可能是一两年，甚至终身。假如你曾经审核过某一项目的基金或是某个药物的注册申请，离职后申请或应邀为该项目或该企业工作，必须告诉雇主上述规定，违者会被起诉和定罪。

面对大量的仿制药审批，为了让企业能够把更多精力花在整理资料的科学性、规范化和准确性，而不是千方百计走捷径。FDA 开展了大规模的透明化工作。

例如，仿制药的申报有了很详细的指南，审核过程的透明度较好，随意性和不确定性比较少。仿制药的申报可以事先申请召开申报前会议

(Pre-IND Meeting)，药厂可以就某项产品的申报与 FDA 各部门的专家进行坦诚的讨论，达成共识，并形成会议纪要（MEMO），保证新药申报材料的完整性，减少不必要的退审和补充材料；FDA 负责具体项目的审查人员，其电话、传真和电子邮件很方便获取，沟通来往都有记录备案；凡 FDA 审批过的案例，除了部分技术敏感细节和数据不对外公开外，大部分都会公示或可查询。

这些做法保证了审查过程的合理性、公开化和进度可预见性，有利于药厂理解 FDA 的审查重点和风格，减少盲目性和失败率。

这一措施的实施，加速了美国仿制药产业的快速发展，使得美国仿制药产业逐渐成长为全球最重要的仿制药市场，很多新药专利过期之后，其仿制药都率先在美国上市。

五、专利链接制度运行问题及修改[①]

在 Hatch-Waxman 法案颁布之后，专利链接制度在运行中出现了一系列问题。[②]

（1）橘皮书登记的滥用。对于橘皮书登记专利，仿制药上市申请时必须作出声明或挑战，并依此触发 30 个月的遏制期。由于 FDA 对登记专利不进行实质性审查，原研药企业在专利登记时会将不相关的晶型专利、中间体专利、工艺专利登记在橘皮书中，从而尽可能延缓仿制药上市。

（2）30 个月遏制期的滥用。由于仿制药申请人提出 ANDA 申请后原研

① 本部分内容参考了中国人民大学 2017 级研究生张浩然博士论文《创新与竞争视阈下药品专利保护模式选择与创制》。

② 在 *aaiPharma*, *Inc. v. Thompson* 案中，美国第四巡回上诉法院确认 FDA 并没有义务确保橘皮书中专利的准确性，See *aaiPharma*, *Inc. v. Thompson*, 296 F. 3d 227, 242 – 43, 63 USPQ2d 1670, 1680 (4th Cir. 2002). 第 25 – 45 页。

药厂仍可以在橘皮书中补充专利，对于遏制期并不存在上限约束，导致在仿制药申请上市时，原研药厂在橘皮书中补充登记多个与原研药相关但不具备实质意义的新专利，然后分别向仿制药企业提起诉讼，导致实质上超出了法定的30个月期限，从而延缓了仿制药上市。

（3）反向支付协议限制仿制药上市。在专利挑战诉讼中，存在原研药企业与仿制药申请人达成和解协议，由原研药企业向仿制药支付一定收益限制仿制药上市的情形，具体包括首仿药独占期内仿制药不进行上市，授权仿制药销售其原研药产品，以及对首仿药进行专利许可，避免其进行专利挑战。

对于药品专利链接制度运行存在的问题，2003年美国颁布了医疗保险处方药与现代化法案（Medicare Prescription Drug，Improvement，and Modernization Act，MMA），该法案针对药品专利链接制度进行了修正。

（1）限制橘皮书登记专利类型，橘皮书中登记的专利类型仅包括化合物、组分、制剂、用途专利，不包括制造方法、中间体、代谢物等专利，仿制药申请人可以在侵权诉讼中反诉要求清除橘皮书中的不相关专利，[①] 在 *Caraco Pharma v. Novo Nordisk* 案中，美国联邦最高法院确认，仿制药申请人在侵权诉讼中有权对橘皮书中所列专利的准确性提出反诉。[②]

（2）限制触发遏制期专利的范围。仿制药申请人只需对提交ANDA申请之前登记的专利作出声明或挑战，而无须对专利权人之后登记的专利进行声明或挑战，从而只存在一次中止期。[③]

（3）对和解协议进行强制审查，对于仿制药申请人和原研药企业在专利挑战过程中达成和解的，应当向FTC和司法部提交和解协议的副本，以审查是否存在限制竞争的行为。[④]

---

① 35 U.S.C.，§ 271（e）（2），§355（j）（5）（C）（ii）.

② See *Caraco Pharmaceutical Laboratories，Ltd. v. Novo Nordisk A/S*，No. 10－844（U.S. April 17，2012）.

③ 35 U.S.C.，§ 271（e）（2），§355（j）（5）.

④ See Pub. L. No. 108－173，§1112（2003）.

第3章　细说美国药品专利链接制度

美国药品专利链接制度是 Hatch-Waxman 法案的重要组成部分。从制度的运作角度来看，美国药品专利链接制度主要包括两方面的内容：一是新药注册时公开覆盖新药的产品或使用方法的全部专利信息、药品独占期等信息，即橘皮书制度，从而为后续仿制药申请提供了参比对象；二是根据仿制药提交简略新药申请（Abbreviated New Drug Applications，ANDA）时提交的声明情况的不同，FDA 决定采用不同的后续审批程序。

一、橘皮书制度

原研药企业向 FDA 进行新药申请时需提交覆盖该新药的药品或使用方法专利信息（包括专利号及专利保护期限），包括以下专利：①药品活性成分的专利；②产品专利，包括制剂、组合物的专利；③药品使用方法的专利，包括使用方法、适应症；相关专利不包括药品活性成分的制造方法专利，也不包括中间体和代谢物的专利。换言之，FDA 登记的专利主要与 NDA 申报的新药密切相关；不论是活性成分专利还是制剂、用途专利均需要得到 NDA 申报相关资料数据的支持。NDA 申请批准后，FDA 将上述信息公布于经治疗等同性评价批准的药物（*Approved drug products through ther-*

apeutic equivalence evaluation）一书中。该书因为封面是橘皮色，又被称为“橘皮书”。仿制药企业在申请仿制药上市过程中考虑可能涉及的专利问题时，仅针对这些记载于橘皮书的专利。

除覆盖新药的产品或使用方法专利信息外，橘皮书还登记下列信息：①经批准上市的药品及批件持有人；②该药品的活性成分、给药形式及其剂量等；③药品的市场独占期限[①]（FDA 批准独占市场一定期限的某药品，可以有专利，也可以无专利）。超过专利期和市场独占期的药品将从橘皮书中删除。FDA 每年都公开出版新版和补遗版的橘皮书。从 1997 年开始，橘皮书的电子版在 FDA 网站上免费发布，每月公布上个月的补充和修订内容。

二、仿制药简略申请制度

为了加快仿制药上市，Hatch-Waxman 法案针对仿制药上市申请设计了 ANDA 途径，即仿制药上市申请时，不需要重复提交新药申请已经提交的证明药品安全性和有效性的数据（这部分数据需要耗费大量时间和资金才能获得），只需要证明仿制药与原研药具有相同的活性成分、相同的生产规程、相同的剂型、相同的规格、生物等效性。

同时，仿制药申请人在提交简略新药申请时，需要同时提交覆盖该药品及其制造方法的所有专利的专利号和专利到期时间，[②] 并针对橘皮书中列举的专利对覆盖该仿制药的专利分别作出以下不同类型的说明：

---

① 孤儿药（Orphan Drug，ODE）市场独占期为 7 年；新化学实体（NCE）市场独占期为 5 年；儿科用药（PED）在原有专利期基础上加 6 个月独占期；其他符合标准的改进（指补充申请）享有 3 年独占期；仿制药简略申请专利挑战成功享有 180 天独占期。

② 丁锦希，韩蓓蓓．中美药品专利链接制度比较研究［J］．中国医药工业杂志，2008，（12）：950 -954.

（1）第Ⅰ段声明：橘皮书中没有相关药物的专利登记信息，引发该声明的原因可能是原研药企业向 FDA 提交新药申请时，并没有提交需要在橘皮书登记的覆盖该新药的药品或使用方法专利信息，或者曾经在橘皮书登记的专利信息由于超过专利保护期和市场独占期的药品而被 FDA 从橘皮书中删除。

（2）第Ⅱ段声明：相关药物的专利已经过期，既包括相关专利已经超过专利保护期和市场独占期，但由于更新周期等原因尚未被从橘皮书中删除的情形，也包括相关专利被无效或者由于未能按时缴费等原因导致失效的情形。后一种情形是由于各机构之间的分工所导致的。在专利链接制度下，FDA 并不会主动与 USPTO 或法院核实相关专利的效力及状态，若专利权人没有主动告知 FDA，FDA 也无从知晓相关专利状态的变化，因此，在橘皮书中，这些已经过期或失效的专利依旧存在。

对于作出第Ⅰ段、第Ⅱ段声明的 ANDA，在符合其他相关条件的情况下，FDA 可以直接批准简略新药申请。

（3）第Ⅲ段声明；相关药物的专利将在某一时间过期，同时仿制药申请人声明在相关药物专利到期前不会上市销售。

第Ⅲ段声明是仿制药企业承认该注册申请涉及某项专利，并认可该专利的效力以及其所生产的仿制药落入该专利的保护范围，因此，仿制药企业同时承诺在专利到期前不生产该药品。对于作出第Ⅲ段声明的 ANDA，FDA 在相关药物的专利期满后即可批准该 ANDA。

（4）第Ⅳ段声明：相关药物的专利是无效的，或者新药的生产、使用、销售不侵犯他人的专利，仿制药申请人希望在橘皮书所载相关药物的专利到期前生产、销售相关药物。

如果仿制药企业在提交 ANDA 申请的同时，提交了前述第Ⅳ段声明，则将引发后续的专利挑战程序。挑战程序的结果将直接影响 FDA 的审批程序及结果。

三、专利挑战

1. 仿制药申请人通知专利权人及 NDA 批件持有人

根据 Hatch-Waxman 法案的规定，如果仿制药申请人在提交 ANDA 申请的同时提交了第Ⅳ段声明，则其必须在申请提交后 20 日内通知所有专利持有人和新药申请审批件持有人，通知的内容包括：声明仿制药已经向 FDA 提交了生物有效性和生物等效性报告、申报日期，并应详细陈述专利无效或不侵犯专利的事实和法律原因。

2. 专利权人或 NDA 批件持有人提起专利侵权诉讼

专利权人或 NDA 批件持有人应在收到通知后的 45 日内向法院提出专利侵权的诉讼，以主张自己的权利，要求裁定相关专利有效，或者仿制药申请人侵权，并将联邦法院受理有关诉讼的情况通知 FDA。专利权人或 NDA 批件持有人提起专利侵权诉讼的法律依据就是 Hatch-Waxman 法案创设，并明确规定在美国专利法第 271（e）（2）条的“拟制侵权”制度，即任何人在他人的药品专利保护期内向药品行政监督管理部门提出新药注册申请或者仿制药注册申请的行为，均构成侵犯专利权的行为。该条规定旨在为联邦法院确立对相关案件的管辖权提供法律基础。

如果专利权人或 NDA 批件持有人没有在收到通知后 45 日内提起专利侵权诉讼，FDA 将不中止对仿制药申请的审查，继续批准符合条件的仿制药的上市，其后发生的专利侵权纠纷，FDA 将不承担责任。

无论对专利权人或 NDA 批件持有人还是对仿制药申请人而言，45 日的期限都是各自争取权益的时间。实践中，专利权人或 NDA 批件持有人在考量是否在 45 日内提起专利侵权诉讼更多的是基于市场或商业利益的考量。无论其是否在 45 日内提起专利侵权诉讼，均不会对其在仿制药获批上市后再提起专利侵权诉讼的权利产生任何影响，但仿制药获批上市后导致的“专利悬崖效应”，即仿制药上市后药品价格将会出现断崖式下跌，则会给其商业收益产生极大影响。借助专利侵权诉讼所触发的仿制药上市审批遏制期为其原研药创造更多时间的市场独占和垄断，并由此获得更多的商业利益，是多数专利权人和 NDA 批件持有人在 45 日内提起专利侵权诉讼的驱动力。

3. 仿制药审批的遏制期

如果专利权人或 NDA 批件持有人在 45 日内提起专利侵权诉讼，并将法院受理该侵权诉讼的情况通知 FDA，则 FDA 自动将仿制药申请人的 ANDA 搁置 30 个月（该期间被称为“遏制期”），即 FDA 对仿制药的批准在收到专利权人或 NDA 批件持有人的通知后自动推延 30 个月，其间 FDA 并未停止对仿制药材料的技术评审。

遏制期可能因为在 30 个月内相关药物专利过期或者被其他法院裁决无效或认定不侵权的裁决结果而终止，或者由于 30 个月到期而终止。

如果在 30 个月内，相关药物专利过期，则仿制药申请人可以变更其声明内容，由第Ⅳ段声明变更为第Ⅱ段声明。FDA 经审查认为符合条件的，可以作出批准该 ANDA 的决定。

如果在 30 个月内，法院认定专利无效或不侵权的（包括原研药企业和仿制药企业达成对仿制药企业有利的和解），即专利挑战成功，且 ANDA 符合审批要求，则 FDA 会批准生效该 ANDA，生效日为法院作出判决之日。

若该诉讼在 30 个月内仍未解决，则 FDA 会对符合要求的 ANDA 颁发临时性批件。随后，若法院判决 ANDA 申请人败诉，则将会撤销临时批件。如果仿制药企业在临时批件生效期间生产、销售了相关药物，仿制药企业还应承担相应的侵权责任。若法院判决 ANDA 申请人胜诉，则 FDA 将颁发正式批件。

实践中，如果法院的判决在上诉程序中被改判，一旦仿制药企业已经实施了生产、销售行为，则其还承担相应的侵权责任。因此，在取得批件后是否进行生产、销售，即仿制药上市（特别是市场独占期内的上市）带来的商业利益与侵权风险所可能导致的损害赔偿额之间的权衡依然是最为核心和关键的考量因素。

为了避免遏制期被滥用，修改后的法案规定每个 ANDA 仅享有一次 30 个月遏制期。

4. 180 天市场独占期

第一个提交含第Ⅳ段声明的 ANDA 申请，且专利挑战成功的申请人，将获得 180 天市场独占期。从仿制药上市的第一天或者法院胜诉的当天（按最早的时间）开始算起。其间，FDA 不再批准其他申请人的同一仿制药上市。仿制药申请人应将其计划上市时间或法院作出裁决的时间通知 FDA，并由此触发 180 天市场独占期的计算。

如果多个仿制药企业均在同一天提起带有第Ⅳ段声明的 ANDA 且专利挑战成功，则 180 天市场独占期由多个人共享。180 天的市场独占期自第一种仿制药上市的第一天或者法院胜诉的当天（按最早的时间）起开始计算，且连续计算，不因任何事由而中止或中断。换言之，如果第一家仿制药企业通知 FDA 其药品上市时间，则 180 天市场独占期自该上市时间起计算。第二家共享市场独占期的仿制药企业在第一家仿制药企业通知 FDA 其药品上市时间后第 91 天其仿制药才上市，则其享有的市场独占期为剩余的 90 天，第三家共享市场独占期的仿制药企业在第一家仿制药通知 FDA 其药品上市时间后第 179 天其仿制药才上市，则其享有市场独占期的时间仅有 1 天。

为了加速仿制药的上市，修正后的法案还规定，如果第一个提出 ANDA 的申请人在获得审批之日起 75 日内或者提出 ANDA 后 30 个月内未将该仿制药品投入市场，那么其 180 天市场独占期将被剥夺。

以 Barr Labs 仿制礼来（Eli Lily）的氟西汀（Fluoxetine，商品名为 Prozac）为例，氟西汀是礼来最重要的抗抑郁药品，自 1986 年氟西汀在比利时上市以来，为礼来带来了巨额的利润。礼来在 1974 ~ 1986 年为该产品申请了多项专利，其中 6 项获得 USPTO 授权。然而，这些专利中难免存在重复和交叉，这就为仿制药企业提供了专利挑战的机会。在橘皮书中登记的氟西汀专利中，专利 US626549 涉及该药品的使用方法。

1995 年 12 月，Barr Labs 向 FDA 提交 ANDA，同时提交了第 IV 段声明。1996 年 3 月 10 日，礼来向地区法院提起专利侵权诉讼，指控 Barr Labs 企业侵犯其专利 US626549。Barr Labs 辩称该专利涉嫌重复专利。该专利挑战的焦点在于早在 1994 年 4 月过期的专利 US4590213 与该诉讼专利 US626549 的主张专利是否相同。专利 US626549 的权利要求之一是通过服用氟西汀可阻止动物脑神经元吸收 5 – 羟色胺，而 US4590213 专利权利要求之一是一种治疗人焦虑的方法，能够使服用有效浓度的氟西汀患者治疗焦虑。最终法院认为，专利 US4590213 和 US626549 没有显著差别，是重复专利，最终礼来败诉。Barr Labs 赢得了 180 天首仿独占期，基于相对低廉的价格，Barr Labs 推出的首仿药在上市后的前 2 个月就占据了氟西汀 65% 的市场份额。①

可见，专利挑战不仅节约了大量成本，还激励了仿制药申请人在专利药品到期前提出申请，加速了仿制药的上市。许多仿制药企业正是通过成功挑战专利上市占据了战略高地。

① 杨柳青 . 美国原研药 VS 仿制药三部曲：仿制药企业的矛［EB/OL］.［2017-12-04］. http：//www. sohu. com/a/201682771_ 100002916。

第4章　美国 Hatch-Waxman 法案的实施效果

一、Hatch-Waxman 法案平衡了原研药产业和仿制药产业的利益

Hatch-Waxman 法案实施 30 多年来获得了高度评价，它既平衡了大众利益与制药企业之间的利益，也平衡了原研药物企业与仿制药物企业之间的利益，既鼓励了新药的研究开发，也鼓励了仿制药物的尽快上市，从而降低药品价格。① 通过这一法案，美国的原研药产业和仿制药产业都得以增强，时至今日依旧如此。

对于原研药企业而言，它们希望能够使其研发成果获得足够长时间的强保护，以使其有足够的时间收回研发成本并获取收益，以便继续进行新药研发。如果没有一定期限的市场独占权，原研药企业将无法获得足够的药物研发回报，从而导致投入的巨额研发费用得不到市场的补偿，最终没有制药企业愿意进行新药研发。为此，Hatch-Waxman 法案为原研药产业提

① 李科举，宋民宪．美国新药创新体系对我国的启示［J］．中国民族民间医药，2015，（8）：152－153.

供了两条路径：其一是专利保护期补偿（PTE），即通过延长专利保护期来弥补 FDA 对新药申请（NDA）常规审批所损失的时间，使得致力于新药研发的原研药企业能够获得充分保护；其二是药品试验数据保护制度，在数据保护期内，不仅仿制药企业无权使用原研药企业的试验数据，药品管理机构也无权参考原研药企业的试验数据对仿制药进行审批。[①] 这两项制度为原研药赢得了收回成本和获取商业利益的时间。与此同时，在药品专利侵权案件中，损害赔偿数额往往也很巨大，通过专利制度为原研药产业的发展保驾护航。

但是，由于原研药物通过专利保护获得了市场独占权，其价格畸高，造成国家和公民医药费用支出过高。只有允许仿制药物尽快上市，极大降低整个国家的医药费用支出，提高药品可及性，才可实现保护公共利益和实现消费者福利的要求。为此，Hatch-Waxman 法案为仿制药企业提供了一系列途径，第一，引入 Bolar 例外，即“目的在于单纯为了获得和提交 FDA 审批时需提交的信息，而在美国制造、销售、许诺销售或者向美国进口专利药品或专利医疗器械的行为不构成侵犯专利权行为”。该条款平衡了原研药企业专利权时间过短与促进仿制药尽快上市之间的矛盾，为仿制药在原研药专利期届满前尽快获得上市审批所需的数据提供了法律依据，从而在很大程度上缩减了仿制药进入市场所需的时间，有效地激发了仿制药企业的积极性。第二，规定仿制药上市申请的 ANDA 程序，极大地简化了仿制药的审批程序，仿制药申请人申请仿制新药上市时，无须重复进行已经证明的安全性和有效性研究，只需参照原研药标准进行相应的生物等效性研究，证明该仿制药与原研药具有相同的活性成分、生产规程、剂型、强度和生物有效性即可。第三，规定了某些试验数据保护的例外情形，例如，仿制药申请人提交了带有第Ⅳ段声明的 ANDA 申请，则数据独占保护

① 诸葛明．药品专利保护 VS 药品试验数据保护——不同国家药品专利保护与药品试验数据保护届满期的计算［EB/OL］．［2017-12-04］．https：//wenku. baidu. com/view/7c0008292f60ddccda38a059. html.

期限降为4年；3年期的数据保护允许FDA在期满前接收并审核相应的仿制药申请，并且可以授予暂时性的批准；但该批准没有正式生效，只有在3年保护期满之日才能正式生效。3年保护期一过，仿制药就可以立即上市，从而缩短仿制药上市需要等待的时间。① 第四，专利挑战制度，仿制药企业一旦挑战成功，即可获得180天市场独占期。

概言之，Hatch-Waxman法案实现了某种平衡，既满足原研药产业对知识产权保护的要求，也鼓励了仿制药企业对专利进行挑战，最终也保障了消费者福利。

二、专利链接制度的实施效果

作为Hatch-Waxman法案的主要组成部分之一，专利链接制度创设了一个利益平衡机制。一方面，为仿制药企业提供了某种刺激，使其对原研药的专利进行挑战：作为向FDA提出ANDA申请的首家企业，一旦挑战成功，其仿制药将被批准并被授予180天市场独占权。在市场独占期间内，该企业能够收回投入成本，并在市场被其他非专利药充斥之前确立其地位。另一方面，原研药企业担心，若在侵权诉讼开始之前仿制药被FDA批准，它们将没有追索权。即使法院认定它们的专利是有效的，它们也不能从资金不足的仿制药企业获得损失补偿。为了安抚原研药企业，该法案对FDA最后批准某项ANDA申请特设了30个月遏制期，保证专利挑战能够通过法院系统蜿蜒前进。②

---

① 褚童．论药品试验数据保护中的数据独占保护制度［J］．金陵法律评论，2013，（1）：296－306.

② 王普善．非专利药革命：反思Waxman-Hatch法［J］．中国医药技术与市场，2006，（1）：15－17.

（一）专利链接制度取得的良好效果

1. 促进产业的发展

实践表明，专利链接制度对原研药产业和仿制药产业均有促进作用。就促进原研药产业的发展而言，以美国为例，Hatch-Waxman 法案实施以前，药品创新活动主要在欧洲，欧洲主导了小分子药物的创新。目前，美国是全球最大的药物市场，2013 年销售额高达3397 亿美元，医药产业总值占其 GDP 比重 2.1%，是其国家支柱产业之一；全球开发的 5000 种新药中，有 3400 种新药来自美国；美国仿制药市场占全球仿制药市场的 45%，2013 年仿制药市场总产值达 435 亿美元，2018 年有望实现年 2 位数的增长率。

就仿制药产业的发展而言，以美国为例，这一制度对仿制药产业的促进作用表现为：第一，仿制药数量显著增加，1984 年以前，美国仿制药占处方药的比例为 18.6%；2013 年这一比例增长到 86%，预计 2020 年将增长到 90%。第二，仿制药上市时间提前，1990 ~ 1993 年到期的 17 项主要药品专利中，有 14 项在专利到期之日起 1 个月内就有仿制药进入市场。第三，促进仿制药市场更加集中，由于专利声明的挑战压力以及对首仿药的鼓励性措施（根据 Hatch-Waxman 法案，只有第一个申请 ANDA、提交第 IV 段声明且法院判决不侵权、专利无效的情况下，该 ANDA 申请人才能获得 180 天市场独占期），激活了仿制药企业的竞争优势，提升了仿制药产业的集中度，成就了 TEVA、RANBAXY 等仿制药企业。实际上，美国仿制药市场 80% 的份额被十大仿制药企业所占领（见图 1）。

美国是世界上医疗卫生费用支出最多的国家。2016 年，美国医疗卫生总支出增长 4.3%，达到 3.3 万亿美元（人均 10348 美元），约占当年国内生产总值的 17.9%。通过鼓励仿制药的发展和使用，进而降低药品价格和医疗卫生支出是国际通行的惯例，美国也不例外。由于政策支持和药物可及性的逐步提高，过去十年，低价仿制药为美国医疗卫生体系共计节省了16700亿美元；2016年更是节省了2530亿美元，创历史新高（见图2）。

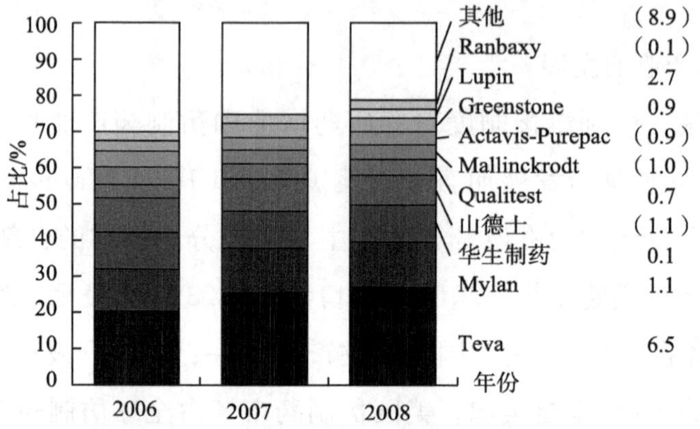

图1　美国前10位仿制药企业的市场份额对比①

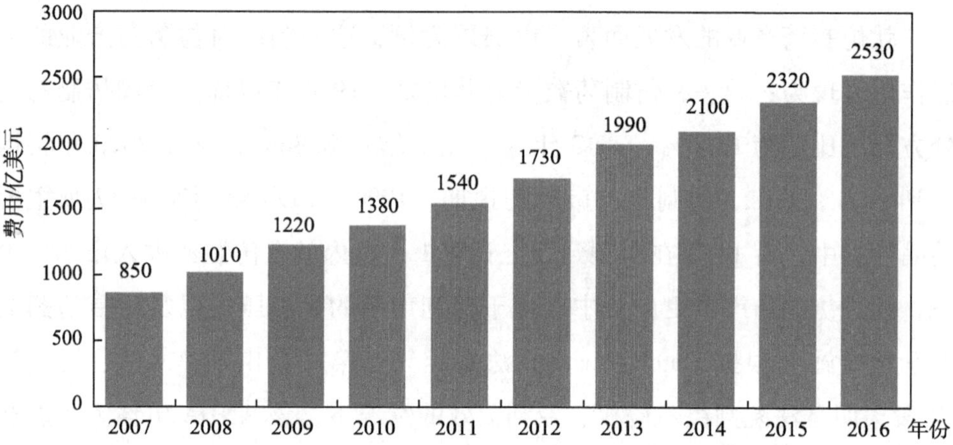

图2　美国医疗卫生费用节省年度变化

2. 提高专利质量，减少重复专利、无效专利和垃圾专利

研究表明，由于“专利悬崖”效应，原研药在仿制药上市后会有明显的销售损失，仿制药上市3个月内，原研药会损失大约75%的销

① 陈玮．仿制药市场［J］．生物技术世界，2011，46.

售额，并在仿制药上市 6 个月内，损失近 80% 的销售额。从这一角度来讲，一旦专利挑战成功，原研药企业将面临重大损失，但这种损失会反过来刺激原研药企业，为了保证独占市场，它们将进行真正的创新或者增大创新的力度。这样，将在客观上提高专利质量，减少重复专利、无效专利、垃圾专利等。例如，礼来的抗抑郁药氟西汀被法院认定为重复专利，Barr Labs 挑战成功后，赢得了 180 天市场独占期，Barr Labs 以相对低廉的价格，即推出首仿药的 2 个月内就占据了氟西汀 65% 的市场份额。①

3. 提前解决纠纷，提高可预期性及确定性

药品专利链接制度最主要功能是在仿制药获批前提供解决专利纠纷的途径。对原研药企业而言，这一制度为其仿制药上市提供了前预警和防控机制，进而帮助其进行市场预测。对仿制药企业而言，仿制药企业生产仿制药同样需要较大的投入，一旦正式上市的药品被认定侵权，则企业将面临重大损失。实践中，对于仿制药企业来说，药品专利案件的涉案金额往往较高，一旦败诉，不仅无法收回前期投入，还将面临巨额诉讼赔偿，企业极有可能难以为继。

就药品专利链接制度设计本身而言，一方面，该制度要求原研药企业在申请新药注册时，需要向药品监督管理部门申报覆盖该新药的专利信息，包括专利号、专利保护期限及专利持有人等信息。在这种情况下，仿制药企业在进行仿制药研发及注册申请前，能够大致了解其所要仿制的原研药专利情况，避免重复研究，降低侵权风险，提升对未来市场的可预期性；另一方面，仿制药申请人在提交 ANDA 时，需要同时提交覆盖该药品及其制造方法的所有专利的专利号和专利到期时间，② 并针对橘皮书中列举的专利对覆盖该仿制药的专利作出声明。如果仿制药申请人提交了第 IV

---

① 杨柳青．美国原研药 *VS* 仿制药三部曲：仿制药企业的矛［EB/OL］．［2017-12-04］．http：//www. sohu. com/a/201682771_ 100002916.

② 丁锦希，韩蓓蓓．中美药品专利链接制度比较研究［J］．中国医药工业杂志，2008，12：950 – 954.

段声明，即认为原研药物的相关专利是无效的，或者其仿制药的生产、使用、销售不侵犯他人专利，仿制药申请人应当将其声明情况通知专利持有人或者原研药批件持有人，专利权人能够据此提早制止侵权，防止损失扩大。

美国专利商标局原局长 David Kappos 认为，欧洲通过数据保护和补充保护证书制度给予了药品专利充分保护，并且欧洲拥有优良的诉讼传统，虽然没有专利链接制度，但总体而言是一个有效的制度。但与美国相比，欧洲缺乏“早期解决机制”，在解决机制中，美国法院可在仿制药审批程序中对专利问题作出裁判，从而让创新者对其权利拥有确定性。专利链接制度的引入，有效地保障了专利权人的经济利益，鼓励了创新，促使其研发强度一直保持在20%的高水平。

4. 遏制期对仿制药上市造成的负面影响不明显

虽然原研药企业常常通过专利链接制度中的30个月遏制期来延迟仿制药的上市，从而造成仿制药的上市时间滞后，但从整体情况来看，首仿药180天市场独占期以及ANDA申请两项政策对仿制药企业的激励，抵消了这种负面影响。美国药品的市场占有情况表明，遏制期对仿制药上市的负面影响不明显。事实上，仿制药上市时间的提前，上市数量的增加以及仿制药在处方药中占比的不断提升，促成了消费者的最终获益。根据法案提案人之一 Hatch 参议员提供的数据，Hatch-Waxman 法案实施后的10～15年，消费者平均每年节省药费开支为80亿～100亿美元。①

“UBS 药品投资研究”高级分析家 Carl Seiden 认为，这项立法已经成为开创当今美国仿制药产业的催化剂，该法案对美国药品生产和消费方式产生了重大影响（见图3）。

---

① 王普善．非专利药革命：反思 Waxman-Hatch 法［J］．中国医药技术与市场，2006，1：15－17.

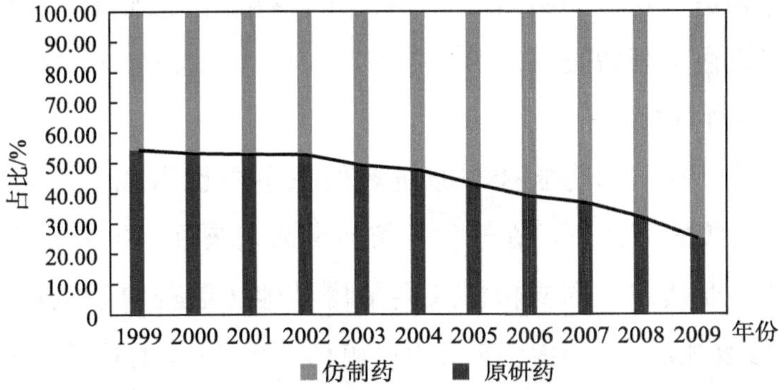

图 3　1999～2009 年美国处方药（包括原研药和仿制药）的分布情况①

（二）美国专利链接模式下的仿制与创新竞争形态②

如前所述，1984 年专利链接制度确立之后，出现了橘皮书专利登记滥用、30 个月遏制期滥用、反向支付协议等问题，限制了仿制药上市。③ 2003 年，对 MMA 法案进行了针对性修改，目前新产生以及持续性存在的问题主要有以下几个方面。

1. 专利集群

与欧盟类似，每种原研药品针对不同的产品类别和治疗类别存在大量的专利，原研药企业在申请专利和登记专利方面变得越来越高效，例如进行多种类型的专利布局、及时更新专利列表、登记大量专利以获得遏制期等，希望延迟仿制药上市。④ 据统计，2000～2002 年美国每种药品在橘皮

---

① 余煊强．美国仿制药的历史演变［J］．中国处方药，2008，9（78）．

② 本部分内容参考了中国人民大学 2017 级研究生张浩然博士论文《创新与竞争视阈下药品专利保护模式选择与创制》。

③ 在 *aaiPharma, Inc. v. Thompson* 案中，美国第四巡回上诉法院确认 FDA 并没有义务确保橘皮书中专利的准确性，See *aaiPharma, Inc. v. Thompson*, 296 F. 3d 227, 242－43, 63 USPQ2d 1670, 1680 (4th Cir. 2002)．第 25－37 页。

④ European Commission, Pharmaceutical Sector Inquiry［EB/OL］．(2009-07-08)［2018-06-20］．http：//ec. europa. eu/competition/sectors/pharmaceuticals/inquiry/。

书登记的专利是 1985 ~ 1987 年的两倍，其从药品上市到最后专利到期的名义保护期限也在不断增长。①

2. 反向支付协议

如上所述，在美国仿制药与原研药的竞争中也出现了反向支付协议。专利链接制度模式下的不同在于，首仿药申请人获得 180 天市场独占期后，其与原研药企业达成反向支付协议会阻碍其他仿制药申请上市。2003 年，MMA 法案修改规定批准生效 75 日内或申请提出 30 个月内后，其将丧失首仿药独占期，因此，对反向支付这一情形予以了规制，其他情形与欧盟类似。

3. 产品跳转

与欧盟类似，美国也存在通过产品跳转限制仿制药上市的行为。②

4. 授权仿制药

授权仿制药是指原研药企业自己的仿制药上市以及通过子企业或许可他人进行贴牌生产，并根据 NDA 得到批准上市。③ 该策略主要针对首仿药独占期而产生，即使仿制药申请人专利挑战成功，其在独占期内仍然面临原研药企业授权仿制药竞争。在与自有品牌的竞争中，首仿药企业难以建立先发优势，导致了仿制药价格的下降和市场份额的降低，减少其仿制上市的激励。④ 这种做法自 2003 年以来已经在美国广泛增长。⑤

---

① Ron A. Bouchard et al. Empirical Analysis of Drug Approval – Drug Patenting Linkage for High Value Pharmaceuticals [J]. Northwestern Journal of Technology and Intellectual Property, 2010.

② C. Scott Hemphill. Unjustified Delays in Generic Drug Competition, 121st meeting of OECD Competition Committee [EB/OL]. [2018-02-22]. http://www.oecd.org/daf/competition/generic-pharmaceuticals-competition.htm.

③ *Mylan Pharmaceuticals v. FDA*, 454 F. 3d 270 (4th Cir. 2006).

④ FTC, Authorized Generic Drugs: Short-Term Effects and Long-Term Impact [EB/OL]. [2018-02-22]. https://www.ftc.gov/reports/authorized-generic-drugs-short-term-effects-long-term-impact-report-federal-trade-commission.

⑤ Martha M. Rumore, The Hatch-Waxman Act – 25 Years Later: Keeping the Pharmaceutical Scales Balanced [EB/OL]. [2018-02-22]. http://www.pharmacytimes.com/publications/supplement/2009/generic-supplement0809/generic-hatchwaxman-0809.

第 5 章　欧盟、日本如何保护药品创新

关于中国是否应确立药品专利链接制度的争论已经持续了近十年，其中一个争议焦点在于不确立药品专利链接制度是否同样能解决医药产业的发展问题。持不同意见的人往往以欧盟和印度为例，认为不实施专利链接制度并不会对我国医药产业的健康发展产生太多负面影响。下面将对欧盟和日本的保护模式进行分析。

一、欧盟的选择

原研药企业曾试图说服欧盟引入专利链接制度，但遭到了欧盟各界强烈反对。根据报道，2006 年欧洲仿制药协会（European Generic Medicines Association）坚称专利链接与欧盟管制法（EU regulatory Law）相矛盾，因为它与 Bolar 条款的立法宗旨不相符。但是，欧盟的一些国家如匈牙利、葡萄牙、捷克和意大利正试图建立不同形式的链接制度。

目前，在药品注册过程中的专利问题上，欧盟主要实施以下制度：

1. 试验数据保护

欧洲经济共同体的药品试验数据保护制度始于第 965/65 号法令（65/65/EEC）第 4. 8 条。1987 年，欧洲经济共同体通过欧洲经济共同体理事会

第87/21/EEC号指令规定，仿制药上市只要提供生物等效性数据即可，试验数据保护制度伴随该规定引入。经过2001年和2004年两次修订，形成了目前的试验数据保护制度。

药品试验数据保护期自药品通过审批之日起10年，其中，药品上市的前8年为数据独占期，其间与新药相关的仿制药申请都不予受理和批准，数据独占期满后，可以受理仿制药申请，但需要新药数据保护期满后才能批准。另外，如果在数据独占期内增加了新的适应症，或者从处方药转换成了非处方药，则可以额外获得1年的数据保护期。罕见药的数据保护期为12年，其中前10年为数据独占期。

2. 补充保护证书

为了补偿药品为通过上市许可批准程序所造成的药品有效专利期的损失，通过授予补充保护证书的方式给予特定药品专利期的延长。

可获得专利保护期限延长的药品专利包括产品专利、制备方法专利和药品用途专利。授予条件包括：①在申请人提出补充保护证书申请之日，相关专利尚未过期；②已获得了该成员国药品审批部门的上市批准，并且是首次批准在该成员国市场销售、使用的药品（即使该药品在欧盟其他成员国的上市时间更早）；③相关专利在该成员国未获得过补充保护证书。

补充保护证书的有效期限为自基本专利期届满之日起最长5年，且药品通过批准后剩余的基本专利期加上补充保护证书的有效期不得超过15年。

补充保护证书延长的是市场独占权，而非完全的专利权，在补充保护证书有效期内，可以进行专利药的仿制，但仿制药不能上市销售和使用。

3. 欧盟路径的实施原因

尽管欧盟与美国同为发达国家和地区，欧盟并未实施药品专利链接制度，究其原因，主要有以下三个方面：

第一，不同欧盟成员国对于药品专利链接制度的态度不一致，导致在统一欧洲专利制度下统一实施药品专利链接制度面临难以逾越的客观障碍。

第二，欧盟始终坚持对药品创新实施强保护策略，无论是试验数据保护制度，还是补充保护证书制度，都是倾向于加强对原研药的保护。

第三，药品专利链接制度的最主要目的在于仿制药上市前能够提前解决纠纷，及时制止可能侵权的仿制药上市引发的“专利悬崖”效应给原研药企业造成损失。仿制药一旦上市，不论最终哪一方胜诉，都将给原研药造成不可逆转的重大影响。欧盟通过其快速、有效、便捷的诉前禁令制度的实施实现了药品专利链接制度所要达到的主要目的——及时、有效制止可能侵权的仿制药的上市，使原研药企业能够快速获得救济。

4. 欧盟路径的实施效果

2008 年，有鉴于欧盟医药工业的创新力面临严峻的挑战，一方面与美国的差距明显拉大，另一方面与亚洲的差距在日益减小。在面临十分严峻的形势下，欧盟委员会大张旗鼓地号召各成员国做一件“二合一”的事情：促进本国的医药研究机构与医药产业界更紧密地合作，使更多的科学技术真正转化为商业产品，给国家带来经济实惠和社会效益。① 可见，对于创新的强保护并没有达到预期的实施效果。医药行业的健康有序发展始终有赖于原研药产业与仿制药产业的齐头并进。欧盟倾向于原研药产业的路径尽管在一定程度上保护了原研药产业的创新积极性，但始终是一种不平衡的机制。一方面，由于缺乏价格低廉的仿制药作为竞争产品和替代产品，原研药企业极有可能“躺在”其已有的并且在未来相当长一段时间内能够为其带来高额商业利益的产品上“数钱”，并非积极开发新的产品。另一方面，缺少了仿制药产业的制约，原研药企业的重复专利、垃圾专利、无效专利也将很难被清除，专利质量缺乏保障。此外，原研药企业的市场垄断导致药品价格居高不下，极大增加了国家和社会公众的负担。

值得关注的是，尽管欧洲的创新环境更好，但美国实施了药品专利链接制度后，不仅其仿制药产业得到了蓬勃发展，医药行业的创新中心也从

---

① 朱羽舒. 欧盟医药工业的创新力正面临着严峻的挑战［EB/OL］.［2017-12-04］. http://health.sohu.com/20080530/n257185561.shtml.

欧洲转移到了美国，反观没有实施药品专利链接制度的欧盟，仿制药产业始终未能发展起来，而其在原研药产业的创新优势也已经丧失。这在一定程度上表明了药品专利链接制度对医药产业优化和发展的突出作用。

二、日本的做法

1. 日本医药产业现状

在日本，仿制药是一个相对新兴的产业，原研药占据绝对主导地位，并且在专利保护期届满后，原研药仍可以享有一个相对较长的市场独占期。出于控制国内保险体系成本支出的考虑，日本政府开始出台措施鼓励仿制药的发展。因此，尽管目前产值仍然较低，但保持着逐步增长的态势（见图 4 和图 5）。

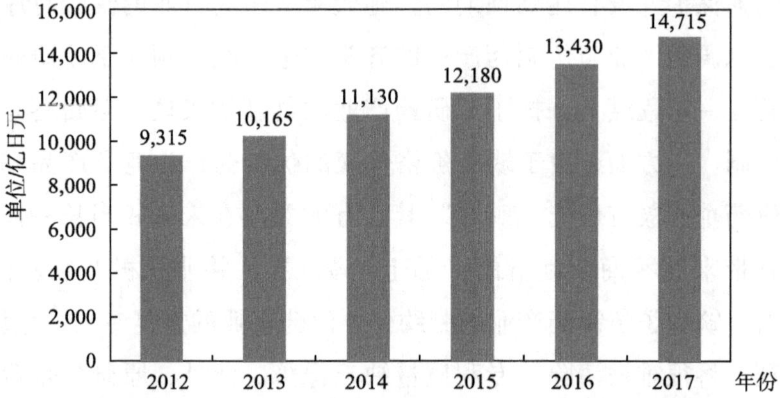

注 1：医薬品卸や医薬品メーカー・販社の販売金額ベース

注 2：（予）ほ予測值

图 4　日本医药市场规模年度变化情况

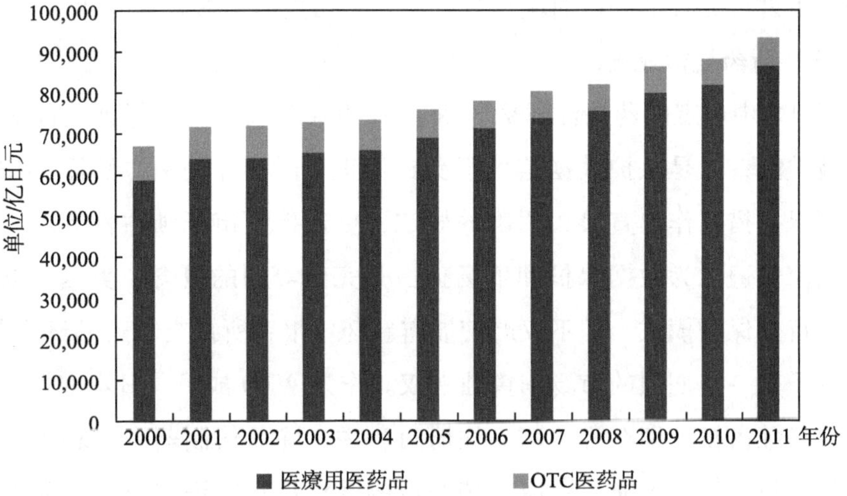

图 5　日本仿制药和原研药产业产值年度变化情况

2. 药品保护制度

与欧盟类似，日本同样没有建立专利链接制度，对于药品专利的保护主要规定在药事法和特许法中。对于药品上市审批中涉及的专利保护问题，主要通过以下三种途径解决。

（1）禁止某些专利药品的仿制药上市

根据日本厚生劳动省医药和医疗器械中心（PMDA）的相关规定，如果某药物活性成分因原研产品活性成分受专利保护而不能生产时，其仿制药将不会获得上市许可的批准；如果某适应症和作用、剂量和给药途径等（以下统称“适应症及作用”）存在专利保护，则仿制药有可能获得上市许可，只要其标明其他适应症和作用。一般来说，只要相关适应症及作用存在专利保护即不予批准其他申请人的上市许可。

（2）延长专利保护期

考虑通常从发现新化合物到药品获准上市需要 10 ~ 15 年，而专利保护期为 20 年，制药企业往往只能享受 5 ~ 10 年的市场独占权，因此，和欧洲、美国一样，日本特许法第 67 条之二对延长药品专利保护期作了规定，专利权人有可能就自专利申请日或临床试验起始日中较晚的日期，至药品获得上市许可之日的一段时间得到补偿，补偿期时间最长为5年。

（3）新药复审制度

TRIPS中规定的药品注册数据保护有两层含义：一是保证药品数据信息不被披露；二是保护数据信息不受到不正当的商业使用。然而TRIPS未就数据保护措施作出直接、明确的规定，更未提及市场独占性问题。欧洲发达国家普遍认为数据保护和市场独占是完全等同的概念，美国、欧盟都采取了特别保护模式，即不仅严禁披露新药申报者所提交的药品试验数据，而且授予其一定期限的市场销售独占权。作为WTO成员，日本亦授予原研药物市场独占权，即在日本药品注册过程中，除非仿制药企业获得原研药企业的授权，否则不能引用原研药企业的数据信息来证明自己产品的疗效及安全性，从而取得药品注册主管部门的批准。

但日本政府并未盲目地全盘移植欧美数据保护制度，而是根据本国的具体国情，在TRIPS框架内，作出了制度创新，即在药品上市后的新药复审制度，这一制度被认为在事实上对新药起到了与数据保护相类似的保护作用。

1962年的“反应停事件”和1970年的“亚急性脊髓视神经炎（SMON）事件”引发了人们对药物安全问题的更高关注。鉴于药品注册时临床研究的“质”和“量”都存在局限性，日本于1979年引进的新药复审制度，旨在新药上市以后对其安全性和有效性进行再确认。复审期限自药品批准上市之日起至（法律规定需要的）申请复审之日止，复审期限的长短因药品不同而不同，例如，孤儿药为10年；含有新的活性成分的药物为8年；新的组合用药处方及新的给药途径为6年；新适应症及新剂量为4~6年；有关儿科用药剂量的药物流行学调查或临床研究，则根据实际情况可以进一步延长，最长为10年。这一制度在事实上与数据保护所给予的市场独占期不谋而合。而复审期限越长对复审申请人的保护就越强。

根据相关规定，申请新药（包括国内原研药和进口新药）上市许可所需提交的数据包括：新药发现的起源或背景情况，药物在外国使用的条件；生产工艺、标准和试验方法；稳定性；药理作用；药物的吸收、分布、代谢与排泄；急性毒理，次急性毒理，长期毒性，致畸性及其他毒理试验；临床试验。原研药的复审期限届满后仿制药的上市申请，则只需提供 3 种数据：生产标准和试验方法、加速试验和生物等效性。如果药品存在专利权则仿制药的上市许可将不予批准，仿制药在原研药的复审期限内申请上市许可的，其需要提交上述新药申请所需的全部数据，实际上，难度是非常大的。由此可见，这一制度对原研药企业而言，能够起到与数据保护制度相似的作用，确保原研药企业在复审期限内享有市场独占权。只有当药品专利权和复审期限均届满后，仿制药方可获得上市许可。

三、数据保护模式评价

欧洲和日本都没有设立专利链接制度，欧洲施行数据保护制度，而日本则通过新药上市复审制度，事实上实现与通过数据保护给予独占期相同的效果。这种保护模式无疑是倾向于对原研药产业的保护。

在市场经济条件下，创新的动机来源于对利润的追求。企业通过技术创新获取超额利润，并由此进一步提高企业创新能力，形成“创新 - 回报 - 创新”的良性循环。因此，市场实现程度和获得商业利益是判断技术创新是否成功的根本标准，而企业作为市场经济投入主体、利益主体、技术创新主体和风险承担主体，在推动自主创新方面具有不可替代的作用。所以，数据保护制度的经济效益主要体现为创新激励效应，即通过激励企业研发原研药物的积极性，增大研发和生产投入并获得巨额收益，推动医药产业 GDP 的快速增长。

以日本为例，研究表明，20 世纪 80 年代，日本制药工业的创新产出效能仍不十分显著，1979～1986年，武田制药（Takeda）、三共株式会社（Sankyo）、日本盐野义制药株式会社（Shionogi）、日本藤泽药品工业株式会社（Fujisawa）四大研发型制药企业的销售利润率持续下降，至20世纪90年代初期，其销售利润率仍低于1979年。然而，通过分析这些企业的研发投入占销售额的比重发现，相应时期的研发投入比重却呈现稳步增长状态。这一现象成因之一即是日本新药复审制度的建立。1979年，日本建立药品再审查制度并通过该制度授予符合条件的药物数据独占保护。其后，随着再审查制度的不断完善，部分原研药物的数据保护期得以延长。上述政策的实施对日本制药工业创新水平的提升起了重大推动作用，然而科技政策的非线性特征之一在于其制定过程和执行过程都普遍存在滞后现象，产出绩效难以立刻显现；并且医药行业新产品研发周期长，研发资金投入对企业业绩作用的滞后性在生物医药行业更为明显。20世纪90年代中后期，在政府指导政策的影响下，制药企业的研发投入水平及销售利润率逐年增加，日本医药产业开始进入了快速发展的辉煌时期。

四、对我国制药产业保护制度的启示

在中国现有的专利制度框架下，原研药企业在仿制药申请上市前，甚至在仿制药企业已经提交上市申请尚未获批前向法院申请诉前禁令，是缺乏法律依据的，因为仿制药申请上市行为并不属于专利法所规定的5种专利侵权行为的任何一种，而在仿制药上市后申请诉中禁令，需要专利权人耗费相当长的时间和精力与法院进行沟通，而且诉讼结果并不明朗。另外，药品专利链接制度应与数据保护制度、专利保护期补偿制度相结合。欧盟的数据保护实行的是“8+2+1”的方式，其数据保护年限甚至长于美国。

毫无疑问，数据保护和专利保护期补偿制度主要是为原研药产业服务的，如果我国也采用欧盟的立法模式，不实施药品专利链接制度，而仅实施数据保护和专利保护期补偿制度，很明显与我国目前以仿制药为主的现实并不相符。

第6章 印度模式不适合中国

印度整体经济发展虽然不如中国，但是，在仿制药方面，其质量一直被认为高于中国，当然最近不少印度仿制药也一再被美国 FDA 查出问题，但是，整体来讲，其国际化和国际认可度要高于中国。其仿制药质量、研发能力高于国内制药企业，也是很多人共同的看法。①

印度目前是世界上仿制药产业最为发达的国家之一，作为世界第三大仿制药生产大国，过去3年印度制药业平均增长速度在14%左右，印度生产了全球20%的仿制药，使得制药产业成为印度经济的支柱之一。目前，印度药品出口到200多个国家和地区，疫苗和生物制药产品出口到150个国家和地区。② 因此，有人认为，印度的实践证明，将药品作为专利保护的客体妨碍了医药产业，特别是仿制药产业的发展。

一、印度对药品专利的保护

印度国内对于药品专利的保护起步晚于中国。根据印度专利法，2005

① 84亿并购，印度仿制药真要来了！[EB/OL].（2016-08-01）[2018-02-22]. https://www.sohu.com/a/108534460_119995.

② 唐璐.解析印度仿制药占据全球20%市场背后的故事 [EB/OL]. [2017-12-04]. http://mt.sohu.com/20160509/n448457516.shtml.

年之前，印度只对药物制造方法授予专利，而对药物本身的化学成分并不授予专利。因此，在其他国家取得专利的药物，印度企业可以通过其他生产方法制造较便宜的仿制药。根据 WTO 的知识产权相关条款，从 2005 年 1 月 1 日起，作为 WTO 成员的印度应该结束过渡期，修改专利法，并开始对药品的化学成分授予专利。[①] 2009 年，印度再次修改了专利法，“禁止印度国内制药企业，在未经许可的情况下，仿造跨国企业的专利药品”。可见，印度专利法极大地促进了印度制药产业的蓬勃发展，由鼓励仿制到限制仿制，再到鼓励研发，印度的制药企业在印度政府的政策和制度引导下一步步完成了产业升级。在同样的起点上，印度通过仿制药积累到原始资金和技术能力后便开始投资开发改良型新药，完成了由仿制到创新的过渡。[②]

二、印度对专利链接持否定态度

印度经历了司法审判的曲折，最终对专利链接制度持否定态度。2008 年 12 月 19 日，百时美施贵宝向德里高等法院提出了单方法院禁令（ex-parte injunction），试图阻止印度药品审批行政部门批准抗癌药达沙替尼（Dasatinib）的仿制药。

德里高等法院颁布禁令中止印度仿制药企业 Hetero Drugs 的仿制药达沙替尼的上市许可申请。该法院还阻止药品注册审批行政部门进行该药的审评工作。该法院在判决中宣称：“希望印度药品监管总局（DCGI）在行使行政职能时，不能让任何一方违反任何法律，如果被告申请上市许可的药物侵犯了原告的专利权，则不能颁发给被告药品上市许可。”

① 李杨．人权，还是知识产权——印度遭遇特殊的药品专利诉讼［EB/OL］．［2017-12-04］．http：//news.163.com/07/0320/12/3A1FOCHA000120GU.html.

② 英国国际医疗．由中国和印度药品专利制度想到的［EB/OL］．［2017-12-04］．https：//weibo.com/ttarticle/p/show？id＝2309404087799237227901.

该判决引起了印度众多仿制药企业的不安。专家指出将 DCGI 置于“专利警察”的地位是没有必要的，因为专利有效性的评价非常复杂，只有专利局和法院能够胜任，而给没有专利问题专家的 DCGI 赋予此项责任是不明智的。也有专家指出 DCGI 不是该案件的当事人，因此该判决对 DCGI 并没有法定约束力。

为了平息有关专利链接的争论，德里高等法院于 2009 年 8 月 18 日就拜尔与 Cipla 的专利纠纷案件作出了相反的判决。该判决的结论是，在印度现行药品法和专利法没有建立专利链接制度的依据，理由如下：第一，将专利权的管辖职能赋予 DCGI 是不恰当的；第二，专利权属于私权，由权利人主张行使权利，而将私权转变为公权利是不妥的；第三，违背了印度专利法第 107A 条规定的 Bolar 例外；第四，TRIPS 第 27 条要求专利保护的提供不能存在技术领域的歧视，而专利链接制定恰恰仅针对药品领域。该判决就政府部门职能也进行了论述，指出专利审查和无效审理非常复杂，只有专利局和法院方能胜任。药品监管部门缺乏专家、时间、人力，也没有管辖权。该案的法官 Muralindhar 指出：“是否建立专利链接制度尚存国际争论。不同国家之间没有统一的政策，发展中国家和欧洲反对专利链接的声音越来越强烈。”

虽然德里高等法院的判决清楚地否决了在印度建立专利链接制度的意图。但是如何保护专利权人权利的问题，如何处理在专利保护期内仿制药企业提出药品注册申请的问题，仍悬而未决。

为了在无须建立专利链接制度的前提下，以公平的方式平衡原研药企业与仿制药企业之间的竞争，印度有人提出引入“告示系统”（notification system），其主要内容包括：

（1）DCGI 应在其官方网站上列出所有新药申请。这样原研药企业可以跟踪数据库的信息，如果认为他人申请的仿制药可能侵犯其专利权，则专利权人可以向法院提请诉讼（确权之诉）。

（2）如果经审理认定专利有效且所申报的仿制药可能侵权，则法院可以作出宣告式判决（declaratory judgment）。宣告式判决是原告寻求宣告其权利时援用的司法救济途径，并不涉及经济赔偿，而是确认在损害发生前当事人一方的权利。宣告式判决诉讼对所有当事人都有帮助，因为它能够防止必然发生的实际侵权和由此引发的长期诉讼。

（3）原研药企业在申请药品上市许可时必须提供“告示”，应公开所有与该药物相关的产品和方法的专利和专利申请。公众能够得到这些信息并确定与原研药品相关的专利。此机制不但增加了透明度，而且使异议机制的实施更加有效。

三、印度路径不符合中国国情

没有任何一种制度可以“放诸四海皆准”，但印度路径是否适用于中国？答案是否定的。

首先需要指出的是，中国已经不可能退回不对药品进行专利保护的阶段。TRIPS 于 1995 年 1 月 1 日开始生效，把 WTO 成员分成几类：要求发达国家从 1996 年 1 月 1 日起对化学药品提供专利保护，过渡期为 1 年；发展中国家的过渡期为 10 年，从 2005 年 1 月 1 日起对化学药品提供专利保护；欠发达国家的过渡期为 21 年，从 2016 年开始执行。印度 2005 年 1 月 1 日执行新的专利法就是在这个背景下出台的。中国早在 1992 年第一次修改《专利法》时就已经将药品列为专利保护的客体，也就是说，中国专利法的修改一步到位，在入世几年前，对医药发明的专利保护已经达到了国际水平，达到了 TRIPS 的要求，[①] 不可能在 2001 年加入 WTO 时降低保护标准，而且 TRIPS 提供给发展中国家的过渡期已经届满，将药品剔除出专利

① 李杨．人权，还是知识产权——印度遭遇特殊的药品专利诉讼［EB/OL］．［2017-12-04］．http：//news. 163. com/07/0320/12/3A1FOCHA000120GU. html.

保护的客体在制度上已无可能。

更重要的是，印度能够成为“发展中国家的药房”的关键在于印度宽松的旨在促进仿制药产业发展、让印度人享受平价药的政策环境下，仿制药企业自身强大的研发和仿制能力。印度仿制药正是凭借着“拷贝不走样”又有所改进的移植技术，使印度制药产业形成颇具规模的大型产业。根据印度的相关规定，经美国FDA批准上市的药品，在印度上市时无须进行临床实验；只要印度制药企业能够做出与在美国上市的药品同样的产品，经印度药物管理局测试认定两种产品成分一致后，药品就能在印度合法上市。为提高药品质量，印度借鉴了美国FDA的药品监管手段，并吸收了美国制药行业的做法，不断推动本国仿制药企业加强研发、升级制备工艺。可见，印度仿制药产业的繁荣与是否实施专利链接制度并无直接关联。

事实上，自从2001年印度第二大仿制药企业雷迪企业在美国20mg百忧解片剂基础上开发40mg剂量百忧解片剂，成为印度企业第一个进入美国市场的首仿药之后，特别是印度2009年专利法正式生效后，印度仿制药企业一方面借助于美国药品专利链接制度中的专利挑战及首仿药独占制度，占据市场；另一方面，通过并购、与国际巨头合作等方式，构建自己的知识产权平台。目前，印度雷迪制药、太阳制药、鲁宾制药、格伦马克制药和阿拉宾度制药都已经发展为国际化著名医药企业，它们的药品在美国均占有相当的市场份额。[①] 可以说，这些仿制药企业同样也是药品专利链接制度的受益者。

中国多数仿制药企业缺乏仿制和创新能力，只能停留在对仿制药进行“二仿”“三仿”的水平，直至2016年3月，国务院办公厅发布了《关于开展仿制药质量和疗效一致性评价的意见》，才正式拉开中国仿制药一致性评价的大幕。毫无疑问，仿制药产业的发展受到多方面因素的影响，但企业自身仿制和创新能力的提升无疑是最根本原因。借鉴美国橘皮书制度，

---

① 英国国际医疗．由中国和印度药品专利制度想到的［EB/OL］．［2017-12-04］．https：//weibo. com/ttarticle/p/show？ id＝2309404087799237227901.

建立上市药品目录集，推行仿制药一致性评价，通过专利挑战和首仿药独占制度激励仿制药企业提升仿制及创新能力，最终提高整个医药行业的创新水平，这恰恰是专利链接制度给美国和印度仿制药产业发展带来的积极效果。

◉ 下篇　中国篇

第7章　中国药品专利保护的进程

专利法是一部保护技术、促进创新的法律，各个领域的科学技术创新方案都是专利法保护的对象，这些技术方案一旦被授予专利权，权利人将在一定期限内对其享有市场独占权、垄断权。在众多技术领域中，医药行业有着其特殊性。说到药品的特殊性，可以说，在现代社会每个人从生到死离不开药品，人们为了健康的生活，更依赖于药品的不断创新和大量仿制，以保障不同的患者需求。因此，任何一个实行专利制度的国家，为了公众的健康及用药安全、可靠、有保障，均要在保护专利权的同时，考虑药品的特殊性及可及性问题。由此产生了专利法要不要保护药品、专利法对药品应当保护到什么水平的争论，我国当然也不例外。

一、1984年《专利法》规定：药品不能授予专利权

1984年3月12日我国第六届全国人大常委会第4次会议通过了第一部《专利法》，在第25条中明确规定，“药品和用化学方法获得的物质”不授予专利权。当时，《专利法》为什么要作出这样的规定呢？

1978年我国改革开放之初，党中央决定建立专利制度后，有关部门开始起草专利法，专利法保护的客体是十分重要的内容之一，对于哪些发明

创造应当排除在专利法的保护范围之外多有争论。当时，“对药品发明是否予以保护，国际上有两种迥然不同的观点：主张不授予专利权的，主要是从一个国家的经济和科学技术状况来考虑，认为从公共福利和公共卫生来说，药品涉及人民的身体健康，不宜为少数人垄断，同时也担心由于本国医药技术水平较落后，如果允许药品申请专利，外国技术会源源不断到来，从而冲击本国市场。而主张授予专利权的理由，主要是认为物质越来越丰富，决不会因为某一种物质的垄断而影响到本国人民的生活，也谈不上外国技术冲击本国市场。持这种观点的多为工业发达国家，因为他们在科学技术上拥有强大的优势，不但不怕本国市场受到外国技术的冲击，反而可以把自己的先进技术向外国申请专利，占领市场。我国是发展中的社会主义国家，从科学技术水平来看，采取对这类物质发明不予以保护为好，因为要保障人民身体健康，就必须保证医药品的供应，现在的技术水平尚不高，待具备了某种优势不怕发达国家竞争后再予以保护也不迟”。①

当初，要确定哪些内容排除在专利保护范围之外，要经过反复讨论，一方面要参考当时国际社会各国的做法，另一方面要看当时我国各个技术领域发明创造的水平等国情。对于药品专利的保护问题，经过多次讨论，在专利法的草稿、初稿、讨论稿中，均没有将药品列入专利保护范围。1979 年，世界知识产权组织总干事鲍格胥曾建议中国在首部专利法中不要规定任何例外，“对有些技术领域，如药品，外国人取得中国专利后，如果在一定时期内不实施，中国可以公共利益需要为由，实行强制许可”。② 但是，经过慎重考虑，我国并没有接受鲍格胥总干事此建议。

当时，参与我国《专利法》起草工作的专家反复强调，在我国第一部《专利法》中明确规定，“药品和用化学方法获得的物质”不授予专利权，主要理由在于，药品“因涉及公众利益和人民生活不宜垄断”，也有保护

---

① 夏叔华. 专利法概要［M］. 北京：经济科学出版社，1987：65.

② 赵元果. 中国专利法的孕育与诞生［M］. 北京：知识产权出版社，2003：28.

本国工业和市场的考虑。[①] 由于药品关系到人民的健康甚至生命，从政策上考虑，对药品不宜授予专利。我国新药的研究、开发能力还比较低，仿制能力则比较强，为了保护我国人民的健康和医药工业，对药品暂不授予专利是正确的。[②]

二、1992 年《专利法》规定：对药品给予专利保护，明确了根据公共利益的需要实施强制许可

1992 年 1 月 17 日，中美政府签署了《中美关于保护知识产权的谅解备忘录》，这份备忘录涉及著作权（版权）、专利、行政保护措施和防止不正当竞争等条款。其中第一条第（一）项规定，中国政府将按照中华人民共和国专利法提供下述水平的保护：（一）专利的客体。专利应授予所有化学发明，包括药品和农业化学 物质，而不论其是产品还是方法……第二条规定，两国政府确认，保护工业产权巴黎公约所确立的专利保护的地域原则 和专利独立原则应当得到尊重。中国政府同意采取行政措施保护具备下列条件的美国药品、农业化学 物质产品的发明：……该条规定被视为药品行政保护的起源。随后，我国出台了《药品行政保护条例》。

1992 年 9 月 4 日，第七届全国人大常委会第 27 次会议通过了修改《专利法》的决定。这次修改《专利法》有一项很重要的内容，就是删除了第 25 条中“药品和用化学方法获得的物质”不授予专利权的规定。

新修改的《专利法》取消了“对食品、饮料和调味品，药品和用化学方法获得的物质不授予专利权”这一限制，扩大了专利保护范围，原因是“对药品和用化学方法获得的物质而言，为了改变我国化工工业和制药工

① 段瑞林．专利法知识简介［M］．北京：专利文献出版社，1981：19.

② 汤宗舜．专利法教程［M］．北京：法律出版社，1988：66.

业以仿制为主的状况，促进这些工业的技术进步、鼓励这些领域里科技人员的发明创造积极性，吸引外来先进技术，开放对这些产品的专利保护是十分必要的。此外，取消限制，扩大保护范围，使得我国专利法与专利保护的国际趋势和其他大多数国家的做法相一致，有利于提高我国在国际上的地位和影响力。"①

那么，仅仅经过8年时间，我国医药行业是不是有了很大的改进，创新能力是不是提高了，我们是否要修改《专利法》将药品纳入专利法的保护范围呢？立法者认为，我国制药和化学工业的整体技术水平仍然比较低，对药品和化学物质的生产一直是以仿制为主，其结果是虽然大大节省了研发时间和资金，但也直接导致了我们的技术水平长期落后于国外，加之我们的管理水平低下，致使我国的药品和化学工业的技术水平提高得非常慢。在这样的客观形势下，我们对药品和化学物质的专利保护水平一下子提高到发达国家的保护水平，会给我国的医药、化学工业带来一定的压力。但是，我们要加快我国医药和化学工业走向自主研发和借鉴外国先进经验的进程，促使我国制药和化学工业迅速发展，就不应当怕这种压力。压力应变成动力，有动力才会促使我国科技发展水平全面且迅速地提高。在这方面我们并非是首创者，一些发达国家和发展中国家的实践经验已经充分证明，给药品和化学物质以专利保护，从长远发展的观点看，对国家医药、化学工业的发展是利大于弊。近几年来，许多国家都纷纷修改专利法，对药品和化学物质实施专利保护，对药品和化学物质实施专利保护是大势所趋。专利法的这一修改，不会给我国医药、化学工业带来重大冲击，产生严重阻碍，相反，还会成为发展我国医药和化学工业的良好机遇。②

其实，《专利法》作出这样的修改，还有一个更重要的原因，就是1992年1月17日，中国政府与美国政府签订了关于保护知识产权的谅解备忘录。在该备忘录中，我国政府承诺在专利法中扩大专利权保护客体，即

① 文希凯．专利法释义［M］．北京：专利文献出版社，1994：80.

② 胡佐超．专利基础［M］．北京：专利文献出版社，1994：91－92.

"专利应授予所有化学发明，包括药品和农业化学物质，而不论其是产品还是方法。"[①] 根据关于保护知识产权的谅解备忘录中的规定，修改后的我国《专利法》，专利应授予所有化学发明，包括药品和农业化学物质，而不论其是产品还是方法。TRIPS 规定，专利应适用于所有创造性和实用性，都应给予保护。这次修改专利法扩大专利保护范围，也是为了与这些规定相协调。[②]

同时，修改了有关专利实施强制许可的条件，《专利法》第52条规定："在国家出现紧急状态或者非常情况时，或者为了公共利益的目的，专利局可以给予实施发明专利或者实用新型专利的强制许可。"其中，"为了公共利益的目的"实施的强制许可，显然主要是针对药品专利而言的。正像专利法起草者诉所释明的那样，"专利权不是绝对的，它应当服从于国家和公共利益的需要，以保持专利权人的利益与公共利益的平衡。所以修改后的本条规定，在国家出现紧急状态或者非常情况时，或者为了公共利益的目的，专利局可以给予实施发明专利或者实用新型专利的强制许可。按照本条规定申请强制许可的情况主要有以下两种：第一，在国家出现紧急状态或者非常情况时。也就是国家处于一种非常时期，如发生战争、自然灾害等。第二，为了公共利益的目的，主要是指为了国防、国民经济以及公共健康的需要而授予强制许可。例如，当国家紧急需要一种专利药品控制某种恶性传染病的蔓延时，如果专利权人自己既不生产或进口这种药品，也不允许别人生产或进口这种药品，他就滥用了其专利权，专利局就有权允许他人生产或进出口这种药品"。[③]

① 《中华人民共和国政府与美利坚合众国政府关于保护知识产权的谅解备忘录》第一条规定："一、中国政府将按照中华人民共和国专利法提供下述水平的保护：（一）专利的客体专利应授予所有化学发明，包括药品和农业化学物质，而不论其是产品还是方法。……"

② 胡佐超．专利基础［M］．北京：专利文献出版社，1994：91－92.

③ 文希凯．专利法释义［M］．北京：专利文献出版社，1994：155－156.

三、2008年《专利法》：增加了Bolar例外的规定、增加了实施强制许可的内容

2008年我国《专利法》进行了第三次修改，在这次修改过程中，有人在此提出应当考虑吸收美国对药品专利保护的法律规定。最终，新修改的专利法中，增加了Bolar例外的规定。

Bolar例外是最先在美国产生的一项法律制度，目的是克服药品和医疗器械上市审批制度在专利权期限届满之后对仿制药品和仿制医疗器械上市带来的迟延。因为在药品或者医疗器械专利权的保护期届满后，即使其他企业仿制该药品或者专利医疗器械，按照各国对药品和医疗器械上市审批制度，仍然必须提供其药品或者医疗器械的各种实验资料和数据，证明其产品符合安全性、有效性等要求，才能获得上市许可。因此，如果只有在专利权保护期限届满之后才允许其他企业开始进行相关实验，以获取药品和医疗器械行政管理部门颁布上市许可所需的资料和数据，就会大大延迟仿制药品和医疗器械的上市时间，导致公众难以在专利保护期限届满后及时获得价格较为低廉的仿制药品和医疗器械，这在客观上起到了延长专利权保护期限的效果。为了解决这一问题，美国、加拿大、英国、澳大利亚等国均在其专利法中明确规定了Bolar例外。

作为公共健康问题较为突出的人口大国，我国在《专利法》中增加有关Bolar例外的规定，可使公众在药品和医疗器械专利权保护期限届满之后及时获得价格较为价廉的仿制药品和医疗器械，这对我国解决公共健康问题具有重要意义。因此，此次修改后的《专利法》对Bolar例外作了明确规定，即为提供行政审批所需要的信息，制造、使用、进口专利药品或者专利一医疗器械的，以及专门为其制造、进口专利药品或者专利医疗器械

的，不视为侵犯专利权。[①]

此外，《专利法》还新增加一条强制许可条款，即“在特定情况下国务院专利行政部门可以给予制造并出口专利药品的强制许可”。

通过这一立法，授权国家知识产权局在符合规定条件的情况下给予强制许可，允许我国企业制造有关专利药品并将其出口到符合我国参加的有关国际条约规定的国家或地区，帮助解决其面临的公共健康问题。[②]

由此可见，我国《专利法》对药品起初并不给予专利保护，后来虽然给予了保护，但是，将强制许可与 Bolar 例外也随之规定到《专利法》之中，多年来，虽然相关行政部门并没有颁发一件强制许可，但是，立法者的态度是明确的，即对于药品这种特殊产品，为了公共利益而考虑，在保护创新的同时，更加强调仿制。

---

① 国家知识产权局条法司．专利法第三次修改导读［M］．北京：知识产权出版社，2009：88－89.

② 国家知识产权局条法司．专利法第三次修改导读［M］．北京：知识产权出版社，2009：66－67.

第 8 章　药品专利链接制度在中国已现端倪?

有人认为,中国专利链接制度早已有之。[①] 实际情况是否如此?这个在中国早已存在的“专利链接制度”与美国 Hatch-Waxman 法案中创设的专利链接制度到底有何异同?

一、我国药品知识产权保护的制度基础

在我国,虽然医药企业专利申请数量较多,但企业对其保护却似乎并不十分在意。更常关注如何获得药品审批,尽快拿到上市许可证,很少关注专利保护。在专利纠纷方面,不仅仿制药与专利药之间的诉讼不普遍,即使是国内创新程度较高的几家企业,专利纠纷也较少,甚至从未发起专利诉讼。很显然,知识产权并非我国医药企业关注的核心问题,这一现象与发达国家的产业理论与现状差异甚大,并且引出了一个更深层的问题:我国药品知识产权保护的制度设计是否合理?笔者认为,一方面,制药企业的知识产权保护行为在很大程度上取决于特定产业的市场结构。另一方

① Benjamin P. L. Fighting Poison with Poison? The Chinese Experience with Pharmaceutical Patent Linkage [J]. J. Marshall Rev. Intell. Prop. L. 2012, 11: 623.

面，制药企业的知识产权保护行为很大程度上受到相关政策的影响。

根据我国《药品注册管理办法》和《专利法》相关规定，药品知识产权保护主要涉及数据保护和专利保护两方面，但在实践中，由于药品审批和专利诉讼由 CFDA 和国家知识产权局分别管辖，相关规定的落实并不理想，一方面说明相关条款规定并不明确，没有可行性的操作流程；另一方面，由于药品审批和专利保护的链接不完善，导致制药企业创新积极性并不高，甚至很多企业并不了解相关专利保护对药品审批的益处。笔者建议，为了加强企业对药品知识产权保护的重视，鼓励企业积极创新，应进一步完善相关制度设计。在《药品注册管理办法》及其条例中落实数据保护和专利保护的具体期限和实施细则，同时在《专利法》中细化药品专利诉讼的特殊途径，保证药品专利挑战制度的有效实施。

二、关于药品注册中专利问题的处理规定

实际上，2002 年以前，药品专利保护问题未在药品管理的法律法规中予以规定。2002 年 10 月 30 日颁布、同年 12 月 1 日起实施的《药品注册管理办法（试行）》是中国首次对药品注册审批工作中的专利问题作出的规定。其中，第 11 条规定，申请人应当对所申请注册的药物或者使用的处方、工艺等，提供在中国的专利及其权属状态说明，并提交对他人的专利不构成侵权的保证书，承诺对可能的侵权后果负责。第 12 条规定，药品注册申请批准后发生专利权纠纷的，当事人应当自行协商解决，或者依照有关法律法规的规定，通过司法机关或者专利行政机关解决。第 13 条规定，已获得中国专利的药品，其他申请人在该药品专利期满前 2 年内可以提出注册申请。国家药品监督管理局按照本办法予以审查，符合规定的，在专利期满后批准生产或者进口。简言之，在药品注册审批工作中解决专利问

题时，药品注册申请人应提供药品专利状态说明及不侵权保证；注册过程中发生的专利纠纷，按照专利法相关规定解决；仿制药在原研药专利到期前两年才能提出注册申请。

2005 年 2 月 28 日颁布、同年 5 月 1 日起施行的《药品注册管理办法》基本保留了 2002 年版的相关规定，同时增加了专利权人请求撤销药品批准文号的规定，即其第 12 条第 2 款规定，“专利权人可以依据管理专利工作部门的最终裁决或者人民法院认定构成侵权的生效判决，向国家食品药品监督管理局申请注销侵权人的药品批准文号。国家食品药品监督管理局据此注销侵权人的药品批准证明文件。”

2007 年 7 月 10 日颁布、同年 10 月 1 日起施行的《药品注册管理办法》依旧基本延续了之前的框架，并对 2005 年的规定进行了 3 处调整：其一，第 18 条增加了关于公示的规定，即“对申请人提交的说明或者声明，药品监督管理部门应当在行政机关网站予以公示”；其二，调整了关于发生专利纠纷可以自行协商解决或通过司法、行政机关解决的规定，直接规定“药品注册过程中发生专利权纠纷的，按照有关专利的法律法规解决”；其三，删除了专利权人有权请求撤销药品批准文号的规定。

2014 年 2 月 20 日发布的《药品注册管理办法（修改草案）》，对 2007 年的规定作了两处调整：其一，直接规定，“发生专利权纠纷的，按照有关专利的法律法规解决”；其二，删除了关于原研药到期前两年才能提出注册申请的规定，直接规定，“对他人已获得中国专利权的药品，申请人可以提出注册申请”。

2016 年 7 月 25 日，国家食品药品监督管理总局办公厅就《药品注册管理办法（修订稿）》再次公开征求意见。修订稿第 129 条（对应原办法第 20 条）规定：“对他人已获得中国专利权的药品，申请人可以提出上市申请。食品药品监管总局按照本办法予以审查，符合规定的核发药品注册批件。”这一规定实际上延续了 2014 年修订草案的规定；修订稿第 130 条（对应原办法第 19 条）规定：“申请人应当对其申请上市的药物或者使用的处方、工艺、用途等，提供申请人或者他人在中国的专利及其权属状态的说明。他人在中国存在专利的，申请人应当提交对他人的专利不构成侵权的声明。对申请人提交的说明或者声明，食品药品监管部门应当在行政机关网站予以公示。发生专利权纠纷的，按照有关专利的法律法规解决。”这一规定将需要提交专利权属说明的环节从原来的药品注册申请缩小到其中的一种，即药品上市申请，对于其他的药品注册申请，如药物临床试验申请和药品上市后注册事项变更的补充申请以及延续申请，并无此要求。

三、我国离真正的药品专利链接制度还很遥远

2002～2016 年，尽管对《药品注册管理办法》进行了多次修正，但解决药品注册审批工作中的专利问题的整体思路和框架并没有本质上的变化。这种规定是否就是“专利链接”呢？

应当说，尽管有了上述规定，具备了药品专利链接的某些元素，但离真正的药品专利链接制度还很遥远。

曾有学者在惊异于中国并未签署相关自由贸易协定，仍对药品专利链接制度进行了规定的同时，对于相关规定的实施效果表示了失望。第一，前述规定并没有区分原研药和仿制药，同时，我国对于新药的划分标准也与美国的划分标准存在很大的差别；第二，所披露的专利信息不完整、不准确，其效力存疑；第三，不侵权声明的规定过于笼统，没有拟制侵权规定，原研药企业没有维权依据；第四，药品管理法并未赋予药监部门对药品注册中的专利进行审查的权利，仅仅是对药品的安全性、有效性进行监管；第五，涉及专利纠纷时，依据专利法的相关规定解决。实践中，药品专利侵权纠纷中存在的问题包括：①申请注册行为往往被 Bolar 例外所吸收，而被视为不侵犯专利权的行为；②不同法院的裁决结果往往缺乏一致

性；③如果涉及反诉专利无效，则诉讼流程将持续相当长一段时间，由于我国的相关规定中缺乏程序上的链接机制，药品监管部门对于是否要等待最终的审理结果，并没有明确规定，诉讼结果对于药品申请注册的影响也不明确。2005 年曾经规定一旦法院判决专利权人胜诉，专利权人有权申请注销侵权药品的批准文号，而损害结果实际上已经产生。第六，由于没有市场独占期的规定，仿制药企业缺乏进行专利挑战的动力。①

为了促进我国仿制药产业的发展，使仿制药能够尽快上市，我国在 2008 年专利法修改中引入了 Bolar 例外。同时，自 2002 年《药品注册管理办法》中有类似于美国药品专利链接制度的规定。但是，美国的 Bolar 例外在为仿制药尽早研发以便尽早上市提供支持的同时，又与其他包括拟制侵权规定及其他药品注册审批中的规定一起组成了一个制度体系，来平衡仿制药企业与原研药申请人之间的利益。由于我国缺少拟制侵权条款而且药品管理法律法规不完善等，给我国制药产业的发展埋下了隐患。

1. 没有拟制侵权规定，原研药企业没有维权依据

对原研药企业来说，如果其发现侵犯其专利权的仿制药企业已经申请注册，依据现行《药品管理办法》，其应当按专利法规定解决专利纠纷，但专利法也没有规定这种行为是否构成侵权，这种情况下，原研药申请人应如何阻止这种继发性侵权来保证自己的利益?

2. 《药品注册管理办法》仅规定专利纠纷根据专利法规定处理仍使药监部门面临巨大压力

虽然表面上看，《药品注册管理办法》仅规定专利纠纷按照专利法律规定处理，能够使药监部门与药品专利问题划清界限，但实际上，由于其特殊地位，即决定药品能否上市的权力地位，导致其仍然要面对来自各方的压力。因为，一旦涉嫌侵权的仿制药申请注册上市，原研药申请人通常要求药监部门不批准该申请，而仿制药申请人则要求药监部门批准。如果

---

① Benjamin P. Liu. Fighting Poison with Poison? The Chinese Experience with Pharmaceutical Patent Linkage［J］J. marshall rev. intell. prop. l. 2012，11：623.

仿制药上市后双方的纠纷有了司法判决结果，药监部门又要面临是否撤销批准文号的压力。

3. 现行规定不利于我国仿制药产业健康发展

虽然，根据现行规定原研药企业无法阻止仿制药上市，但其上市后仍然会被诉侵权，从而引起专利纠纷。仿制药企业为此将面临诉讼及停止生产和赔偿风险，一旦法院判决停止侵权行为，仿制药企业为生产该药品而进行的研发、生产、渠道开发投入将无法收回，甚至可能使其破产。

这种情况可能导致一些仿制药企业出于投资安全角度考虑，主要生产那些已经没有任何侵权风险的低水平的药物，但其收益又较低，因此无法累积资金进行高水平仿制药的研发。如此恶性循环，不利于我国仿制药产业的可持续发展。

4. 影响我国的药品可及性

我国目前药品研发的创新能力整体不强，能够独立研发的新药种类较少，大量的罕见药仍主要由外国企业研发。这种情况下，一旦外国企业因为我国专利保护不力等原因不愿意进入中国或者推迟进入，则我国人民获得有效治疗药品的难度将加大。另外，我国仿制药企业大多处于低水平仿制而且仿制质量无法保障，大量过期专利药仍处于无人首仿的状态，导致原研药价格居高不下，这些都将影响我国人民的用药需求。

四、药品专利链接制度缺位的影响

2002 年，国家药品监督管理局颁布《药品注册管理办法（试行）》，经过 2005 年、2007 年两次修改，建立了我国现行药品上市审批制度。在现行制度中，药品上市申请人应提交不侵犯他人专利权的声明。有学者认为我国实质上采取了美国的专利链接模式,[①] 甚至建立了比美国更为严格的专利链接制度。[②] 但在立法层面，该制度与现行专利法相冲突，实践中并未充分实施，而是衍生出了新的替代机制，既未实现保护创新的功能，同时为专利权利滥用提供了空间，急需进行制度变革。

① See Benjamin P. Liu. Fighting Poison With Poison: The Chinese Experience With Pharmaceutical Patent Linkage [J]. J. Marshell Rev. Intell. Prop. L. 2012 (11).

② Ravikant Bhardwaj et al. The Impact of Patent Linkage on Marketing of Generic Drugs [J]. Journal of Intellectual Property Rights, 2013 (18).

第 9 章　中国药品产业发展现状

创新是社会进步发展的原动力，没有创新，人类不可能有今天的生活。医药产业是关系国计民生的重要产业，也是供给侧结构性改革的主战场之一。长期以来，我国医药行业的研发受垂直价值链思维影响很深，多数都处于低水平重复阶段。这些问题在社会上直接体现为医患矛盾的突出，包括患者无药可吃；药价，特别是进口药价格居高不下，一般患者无力支付；有些药即使吃了，也无法起到治病的效果；许多患者不惜冒险从印度等仿制药产业发达的国家和地区走私药品。

自 1978 年以来，中国的医药产业经历了快速的发展，医药产业的总产值从 1978 年到 2008 年增长了 113 倍（美国同期增长了 12.7 倍，而日本则增长了 6 倍），年均复合增长率从 2005 年起超过了 20%，而总产值在 2012 年则达到了 1840 亿美元。目前，中国已经成为世界第二大药物市场，世界第一大原料药出口国，以及第一大药物制剂生产国。作为我国国民经济的重要组成部分，随着国家政策的大力扶持与“十二五”规划对医药行业改革的大力推进，医药行业已经成为国民经济中发展最快的行业之一。

在全球制药市场上，自 2013 年起受专利悬崖的冲击，新药上市的速度大幅放缓，其间，各国纷纷出台政策来扶持仿制药市场，仿制药市场也在这段时间快速增长。值得注意的是，新兴国家仿制药市场份额高达 58%，远超发达国家 16% 的市场份额。

一般来说，当原研药专利到期之后，会有大量制药企业进行仿制，原研药的销量会呈现断崖式下跌现象，价格也会主动调低。但在中国市场，却并不如此。比如治疗心脑血管疾病的，全球第二大畅销药物“波立维”，在专利到期后，在美国等地的销量大幅下降，但在中国却呈现上升趋势，中国贡献了全球销量的70%。

相比发达国家，中国无论是市场规模和发展潜力还是政策支持力度都要远超其他国家，那么为什么原研药在专利保护期过后，价格降不下来，而且同类型仿制药的药效跟原研药相差较大？

下面将对我国药品产业的优势和不足等进行分析。

一、我国药品产业的优势

1. 市场优势

中国人口众多，并面临老龄化时代。人口老龄化对中国医药市场是一个新的机遇。由于老龄群体免疫力较低，导致患病率较高，据原卫生部统计，2008 年 65 岁以上老人的两周患病率为 466‰，远高于其他年龄段，25～34 岁年龄段仅 75‰，老年阶段的医药消费量约占人一生 80% 以上[①]，因此医药消费市场的主力是老龄人口。目前，老龄人口占处方药品市场的 23%～40%，占非处方药品市场的 40%～50%[②]。同时，“新医改”以来，我国一直致力于改善居民医疗保障水平，截至 2010 年，我国医疗保障制度已覆盖超过 12.8 亿人口，形成了以城镇职工、城镇居民和新农合为主的医保体系，覆盖全国 90% 的城乡地区。随着医保体系的逐步完善以及医疗报销水平的稳步提升，极大地刺激了药品消费市场，人均医疗支出一路攀升。

---

① 海通证券.2011 年度策略报告：增长主旋律，长期看好［EB/OL］. http：//www. htsec. com.

② Deloitte. The next phase：Opportunities in China′s pharmaceuticals market［EB/OL］. http：//www. deloitte. com/content/dam/Deloitte/ch/Documents/life－sciences－health－carel.

2000～2009 年，人口老龄化比例增长了 21%，而人均卫生费用增长率达到 256%。根据世界卫生组织（WTO）和基本医疗保险（BMI）预测，未来 5 年内人均卫生费用的增长率仍然高于老龄化增长率，平均每年 5 倍左右，但是将趋于一致①。老龄化与人民生活水平的提高将带动中国医药消费需求引来新一轮快速增长。

基于庞大的人口基数和 GDP 的高速增长，中国医药市场近年来一直呈现良好的上升态势。根据南方医药经济研究所和德勤等机构的数据显示，2007～2010 年中国医药市场销售额复合增长率为 25.9%，预计在 2011～2015 年的年复合增长率为 15.5%，并在 2015 年销售额达到 1071 亿美元（见图 6）②。

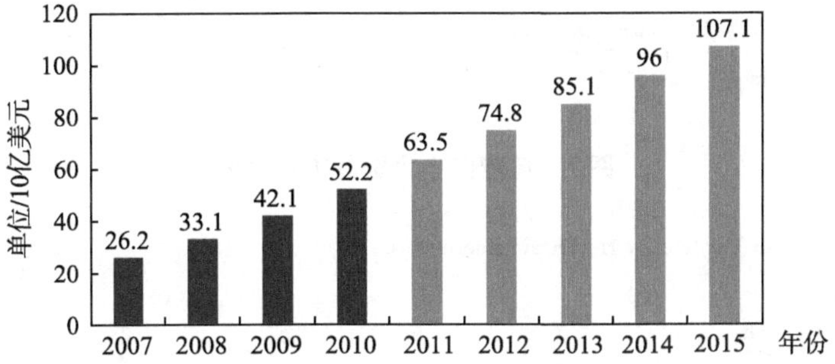

注：1 美元 =6.79 元人民币。

图 6　中国医药市场销售额

资料来源：Southern Medicine Economic Institute（SMEI），Association of the European Self-Medication Society（AESGP），BMI.

中国自加入 WTO 以来，主动承担并发挥其在国际市场上的作用，一路追赶发达国家的步伐，到 2010 年已经成为全世界第三大医药市场，预计到 2020 年有望超越日本，成为世界第二大医药市场（见图 7）。在巨大的市场

① Deloitte. The next phase：Opportunities in China's pharmaceuticals market [EB/OL]. http://www.deloitte.com/view/en_ CN/cn/ind/lshc/723313bbb0943310VgnVCM3000001c56f00aRCRD.htm.

② Deloitte. The next phase：Opportunities in China's pharmaceuticals market [EB/OL]. http://www.deloitte.com/view/en_ CN/cn/ind/lshc/723313bbb0943310VgnVCM3000001c56f00aRCRD.htm.

潜力下，中国被视为未来全球医药新兴市场，成为世界各大医药企业争相掠夺的“大蛋糕”。中国已经不仅仅是原料或研究的来源地，而是以其卓越的市场潜能作为优势，跻身国际医药市场。

排名	2001年	2005年	2009年	2011年	2013年	2020年
1	美国	美国	美国	美国	美国	美国
2	日本	日本	日本	日本	日本	中国
3	德国	德国	法国	中国	中国	
4	法国	法国	德国			
5	意大利	意大利	中国			
6	英国	英国				
7	西班牙	西班牙				
8	加拿大	加拿大				
9	墨西哥	中国				
10	中国					

图7　全球前十大医药市场排名

资料来源：IMS Institute for Healthcare Informatics.

2. 产品优势

我国医药产业发展迅猛。全国医药工业总产值已由 2003 年的 4364 亿元增长为 2009 年的 10048 亿元。[①] 其中，化学原料药是代表我国医药产业国际竞争力的重要产业，年产值约占全国医药总产值的一半，出口比重超过 60%。[②] 我国医药化学原料药生产企业共有 1016 家，可生产的化学原料药近 1500 种，目前，我国已经成为世界化学原料药最大的生产国和出口国。根据意大利化学制药通用名药物协会（CPA）的报告显示，2010 年我国超过美国，以 40.5 亿美元成为世界第一大非专利原料药（generic APIs）

---

① 国家食品药品监督管理局．用科学监管理念破解新形势下的新难题 全国食品药品监督管理工作座谈会召开［EB/OL］．http：//www. sda. gov. cn/WS01/CL0050/51994. html.

② 上海市生物医药行业协会．我国成为世界化学原料药最大生产出口国［EB/OL］．http：//www. sbia. org. cn/plus/view. php？ aid = 6572.

单体市场，占全球市场份额的 21.3%（见图 8），并且被认为是未来 5 年全世界成长速度最快的非专利原料药市场之一，年均增长率预计达 12.6%[①]。

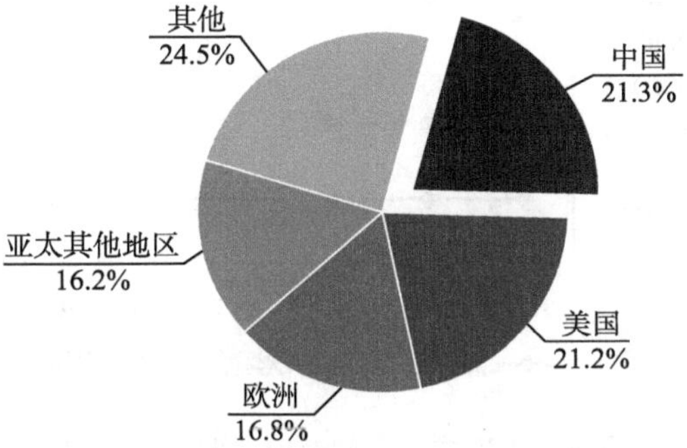

图 8　全球非专利原料药市场分布

3. 成本优势

中国是人口大国，人力资本丰富。如图 9 所示，我国医药制造业从业人员近年来持续增长，到 2009 年已为欧美医药制造业从业人员总数的近 1.4 倍。中国制造业雇员的平均小时报酬在全球属于低水平，仅为美国的 4%，欧洲国家的 3% 左右，比同为盛产廉价劳动力的菲律宾还要低。在如此丰富的劳动力资源和廉价的劳动力成本下，中国吸引了大批国际制药企业设立工厂，并将中国作为其主要生产地。近年来，由于中国受试者人均成本较低，临床试验成本仅为美国的 1/3，[②] 国际制药企业在“生产转移”之后，开始“研发试水”，纷纷在中国建立研发中心，转移其研发业务，或将其研究业务外包给中国的研发外包企业。

① Patricia Van Arnum. API Market Outlook [EB/OL]. http://www.pharmtech.com/pharmtech/article/articleDetail.jsp? id = 755428.

② IMS-Pharma VOICE. China: A Booming Market Takes its Place on the World Stage [EB/OL]. http://www.imshealth.com/portal/site/ims/menuitem.856807fe5773bfb9ec895c973208c22a/? vgnextoid = 796555d0e3070310VgnVCM1000007f8c2ca2RCRD&vgnextfmt = default.

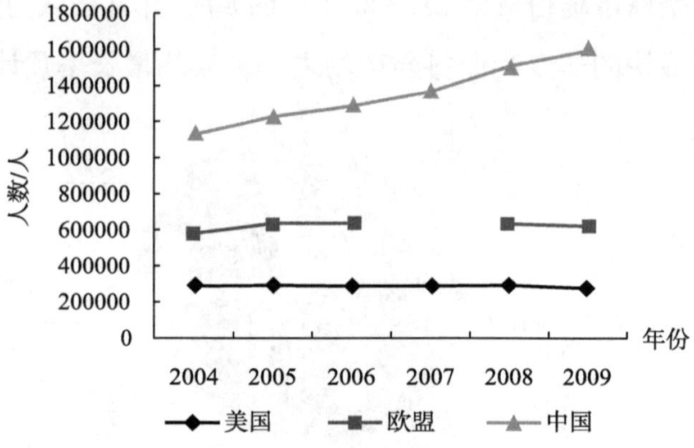

图 9　美欧中医药制造业就业人员总数

数据来源：欧盟数据来自 The Pharmaceutical Industry in figures-Edition 2005—2011；① 美国数据来自 Bureau of Labor Statistics，Occupational Employment Statistics；② 中国数据来自《中国高技术产业统计年鉴》（2005 年、2009 年、2010 年）.③

二、我国药品产业存在的问题

1. 原研药上市总量少

中国从 2003 年开始，连续几年都有原研药物上市，但是数量一直较少，近十年来上市原研药物总数还不及美国 2006 年上市数量的 1/4，远远落后于欧美国家，目前获得国际承认的原研药物只有青蒿素和二巯基丁二酸钠等少数品种，如图 10 所示。

---

① EFPIA. The Pharmaceutical Industry in figures-Edition 2005 - 2011 [EB/OL]. http://www.efpia.org/Content/Default.asp? PageID=608.

② Bureau of Labor Statistics. Occupational Employment Statistics [EB/OL]. http://www.bls.gov/oes/2008/may/naics4_325400.htm.

③ 国家统计局，国家发展和改革委员会，科学技术部．中国高技术产业统计年鉴 [M]. 中国统计出版社.

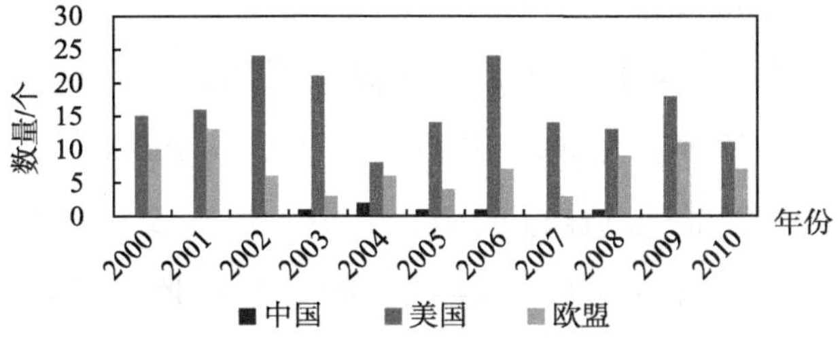

图 10　2000 ~ 2010 年各国和地区每年上市新药数量

数据来源：2000 ~ 2010 年世界上市新药。①②③④⑤⑥⑦⑧⑨⑩⑪

2. 仿制药低水平重复现象严重

我国众多企业特别是中小企业都是以仿制药为主，并且存在大量重复仿制现象。《国家基本药物目录 · 基层医疗卫生机构配备使用部分》（2009 版）的 205 种化学药品和生物制品中，平均每个品种的生产企业为 108 家，近三成品种生产企业数量在百家以上。在 102 种中成药部分中，平均每个药品的生产企业为 56 家，近两成品种生产企业在百家以上。⑫ 实际上，基本药品虽然占据了 70% 的市场份额，但是利润仅有 30%；市场占有率为 30% 的新药，其利润却高达 70%。⑬ 在利润不高的情况下，企业自然无法投入资金用于新药研发，只能继续重复生产仿制药，导致恶性循环。

---

① 张莉，廖斌，廖清江 . 2000 年世界上市的新药（一）[J]. 中国新药杂，2001，10（3）.
② 廖斌，张莉，廖清江 . 2001 年世界上市新药 [J]. 中国新药杂志，2002，11（4）.
③ 廖斌，廖清江 . 2002 年世界上市新药 [J]. 中国新药杂志，2003，12（5）.
④ 廖斌，从欣，廖清江 . 2003 年世界上市新药 [J]. 中国新药杂志，2004，13（5）.
⑤ 廖斌，从欣，廖清江 . 2004 年世界上市新药 [J]. 中国新药杂志，2004，14（4）.
⑥ 廖斌，廖清江 . 2005 年世界上市新药 [J]. 中国新药杂志，2006，15（10）.
⑦ 廖斌，廖清江 . 2006 年世界上市新药 [J]. 中国新药杂志，2007，16（8）.
⑧ 廖斌，廖清江 . 2007 年世界上市新药 [J]. 中国新药杂志，2008，17（9）.
⑨ 廖斌，丛欣，廖清江 . 2008 年全球上市的新药 [J]. 药学进展，2009，33（5）.
⑩ 马培奇 . 2009 年上半年全球首次批准新药 [J]. 上海食品药品监管情报研究，2009，100.
⑪ 马培奇 . 2009 年下半年全球首次批准新药 [J]. 上海食品药品监管情报研究，2010，102.
⑫ 林建宁 . 国内外医药产业发展状况对比分析 [J]. 中国药房，2011，22（24）：2218 – 2221.
⑬ 李习平，刘薇薇，杨娇 . 浅析中小医药企业 GMP 综合症及应对策略 [J]. 商场现代化，2006，（487）：152.

3. 小企业占主导地位

原研药物研发是一项投入大、风险高、周期长的活动。根据美国 2011 年医药产业报告，原研药物的研发需要从 5000～10000 个化合物中筛选，仅有 250 个化合物能够到临床前研究，其中大约有 5 个化合物能进入临床研究，最终仅有 1/6 可以通过 FDA 的审批。整个原研药物研发过程耗时 10～15 年，许多备选化合物都在临床Ⅲ期被筛选淘汰[①]。据美国 Tufts 中心对美国药品研发的成本研究，2001 年研发原研药物的平均成本为 8.02 亿美元，是 1975 年的 6 倍，2005 年原研药物研究的平均成本已达 13 亿美元。[②]因此，由于药品研发的特点，进行药品研发的企业需要能够提供长期的、巨大的资金投入。

据国家统计局统计，至 2009 年底，我国 6806 家医药企业（含药品、医疗器械）中，销售规模在 1 亿元以下的企业占 71.6%；销售规模 10 亿元以上 50 亿元以下的企业只占了 1.7%（见图 11）[③]。由此可见，小规模医药企业占据了我国医药产业的主导地位。

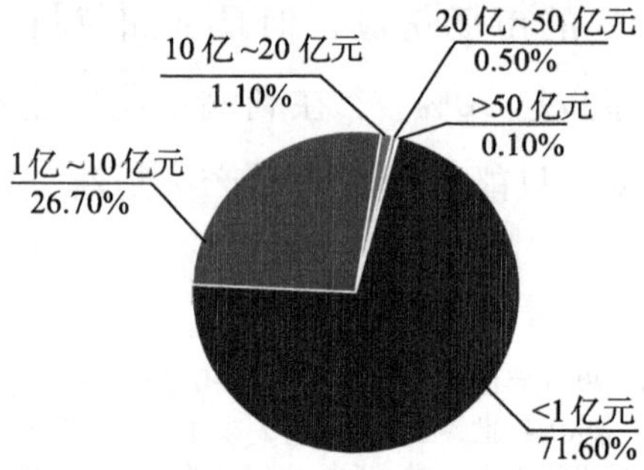

图 11　2009 年不同规模医药工业企业分布

数据来源：南方医药经济研究所。

① PhRMA. Pharmaceutical Industry Profile 2011 [EB/OL]. http://www.phrma.org/sites/default/files/159/phrma_ profile_ 2011_ final.pdf.

② PhRMA. Pharmaceutical industry profile. 2007 [EB/OL]. http://www.phrma.org/sites/default/files/539/profile2007.pdf, 2011/7/10.

③ 林建宁. 国内外医药产业发展状况对比分析 [J]. 中国药房, 2011, 22 (24): 2218－2221.

4. 药品研发投入强度不够

医药研发的产业特征决定了其需要研发资金高强度投入，企业只有加大研发投入，在硬件和软件上给予资金支持，才有望获得较好的研发成果。目前国际上较为流行的衡量研发投入能力的指标是研发强度，即企业当年的研发经费/企业当年的销售收入①。如图 12 所示，欧美医药制造业研发资金投入强度都维持在 15% 以上，而中国的一直停留在 1% 左右。发达国家的经验表明，企业研发投资只有达到其销售收入的 5% 以上才有较强的竞争力，达到 2% 只能维持企业的基本生存，不到 1% 的企业极难生存②。由此看来，我国的制药企业大多面临生存的问题。

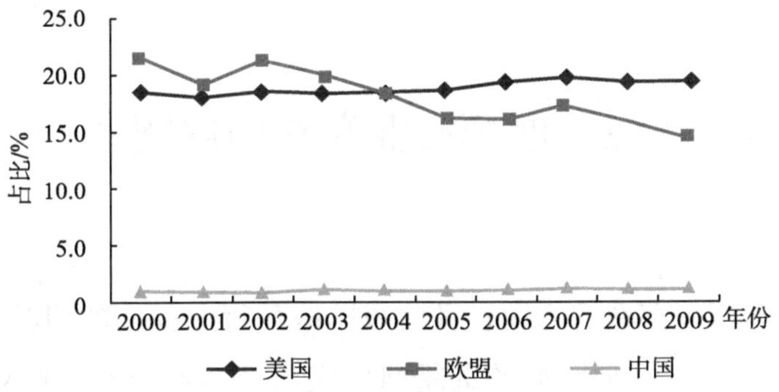

图 12　医药制造业研发资金投入强度

数据来源：Pharmaceutical Industry Profile 2011③；Total Global Medicines Market④；IMS Health⑤；《中国高技术产业统计年鉴》（2005 年、2009 年）。⑥

---

① 傅家骥，仝允桓，高键等．技术创新学［M］．北京：清华大学出版社，1998.

② 潘承烈．自主创新何以要以企业为主体［N］．中国企业报，2006-1-10（6）.

③ PhRMA. Pharmaceutical Industry Profile 2011［EB/OL］. http：//www. phrma. org/sites/default/files/159/phrma_ profile_ 2011_ final. pdf.

④ EGA. Total Global Medicines Market［EB/OL］. http：//www. egagenerics. com/doc/pharma_ figures_ 2008-11-28. pdf.

⑤ IMS Health. Top-line Market Data［EB/OL］. http：//www. imshealth. com/portal/site/ims/menuitem. 5ad1c081663fdf9b41d84b903208c22a/? vgnextoid = fbc65890d33ee210VgnVCM10000071812ca2RCRD&vgnextfmt = default.

⑥ 国家统计局，国家发展和改革委员会，科学技术部．中国高技术产业统计年鉴［M］．中国统计出版社，2010.

与美国不同，加拿大在建立专利链接制度前仿制药工业发达。加拿大建立专利链接制度的初衷也是平衡原研药与仿制药之间的利益竞争并有效降低患者的医药费用。在美国，Hatch-Waxman 法案的目的已经达到，仿制药和原研药都得到了强势发展。相反，加拿大在专利链接前基本上国内以仿制药为主，在专利链接后仿制药工业规模减小，仿制药价格增高，生物医药企业的全球竞争力并没有变化。在 *AstraZeneca v. Canada* 案中，加拿大最高法院认为“专利链接制度让两个行政系统交织在一起，行政目标发生了一定的冲突”。即食品和药品法是为了保证上市新药的安全、有效，而专利法是为了发明人提供一段时间的垄断权利。

三、医药行业存在的问题

关于医药行业存在的问题，目前我国医药行业存在的问题主要有四个方面，第一，制药行业低水平重复问题突出。[①] 药品研发投入严重不足，2016 年全国制药企业研发投入不及全球最大的一家制药企业的研发投入，临床急需的原研药物短缺，结构性问题突出。第二，药品质量安全风险隐患较多。[②] 第三，药品流通领域矛盾错综复杂。现有零售药店 40 多万家，管理水平参差不齐，特别是部分药店进货渠道把关不严，成为假劣药品、非法回收药品进入合法渠道的“入口”。第四，短缺药品供应保障机制急

---

① 我国现有 1.5 万个药品品种对应 16.8 万个批准文号，同质化严重，有 100 个以上文号的品种为 161 个，有 50～100 个文号的品种为 90 个，最多的品种文号达 800 个以上。

② 注射剂特别是早期批准上市的以中药为原料生产的注射液，安全性、有效性基础研究薄弱。部分生产企业偷工减料、使用假劣原料、擅自改变生产工艺，严重影响药品的安全性、有效性。低价中标潜藏质量安全隐患。药学技术人员、执业药师、临床药师缺口很大。药品回收再卖现象屡见不鲜。

需健全完善。药品产能总量过剩与结构性短缺并存。①

2017年10月9日，毕井泉原局长在贯彻落实《关于深化审评审批制度改革鼓励药品医疗器械创新的意见》的电话会上讲话中进一步指出,② 深化改革鼓励创新，是满足公众用得上、用得起新药、好药的迫切需要。满足临床用药急需，归根到底要依靠创新。近十多年来，国家下了很大力气抓企业生产经营规范的实施和标准的提高，但制药工业低水平重复仍然突出，与国际先进水平仍有较大差距。一是国内创新弱。国内企业研制的新化学药品或生物制品，多是在国外已上市原研药品基础上模仿、修饰。真正意义上的原研药，仅有抗疟药青蒿素等极少数品种。2016年，国内制药业的研发投入总和420亿元，而全球一些大的跨国企业一家的研发投入就达数十亿美元。二是进口新药少。2001～2016年美国批准上市433个新药，在中国上市的只有133个，占30.7%。近10年在我国上市的29个典型新药，上市时间比欧美国市场晚5～7年。三是境外看病买药多。通过中介机构出境看病人数和通过网上购买或请人携带入境药品的现象越来越多，存在诸多隐患。四是仿制药疗效有差距。一些重大疾病的治疗用药，基本为进口药品，国产仿制药品不能形成对原研药的临床替代。五是部分国产药品疗效不明确。有些早期批准上市的药品安全性、有效性基础研究薄弱。部分生产企业偷工减料、擅自改变生产工艺，严重影响药品安全有效。

产生上述问题的深层次原因有以下几点③：其一，鼓励药品创新的制度政策尚不完善。国外原研药物研究在完成Ⅰ期临床试验后，才能到我国申请Ⅰ期临床试验。临床试验机构采取审批制，一定程度上限制了临床资源的有效利用。具备药品研发资质的大型医院，科研与医疗的矛盾突出，

---

① 个别临床使用较多的药品由于中标价格过低，生产企业停止生产，退出市场。个别罕见病用药和不常使用的药品，因生产数量少、成本高，缺乏相应的扶持政策，企业生产经营积极性不高，甚至出现断供，如阿托品、多巴胺、维生素K1、绒促性素以及治疗农药中毒、蛇毒中毒等急救药。

② 关于深化审评审批制度改革鼓励药品医疗器械创新的意见［EB/OL］.［2017-12-04］. http://www.fjyyhyxh.com/newslist.asp? id=9577。

③ 2017年6月22日第十二届全国人大常委会第28次会议上关于药品管理工作情况的报告。

医生参加药物临床试验的积极性不高。药品试验数据保护、专利链接、专利期补偿等鼓励创新的制度设计，我国尚处于研究阶段。其二，药品管理法不能完全适应发展需要。其三，药品监管能力难以适应产业发展需要。其四，医药卫生体制改革需进一步深化。

2014 年，患者陆勇帮助病友代购印度抗癌药被起诉，这件事在国内曾经引起轩然大波。当时，代购的抗癌药就是国内还在专利期内格列卫。据媒体报道，诺华格列卫的价格为 23500 元/盒，而印度生产的格列卫仅为 4000 元/盒。

四、医药产业正在蓬勃兴起

目前，我国药品企业多数以生产仿制药为主，但同时也出现了恒瑞制药、天士力、绿叶制药等优秀企业，还有华领医药等专注原研药研发的企业。仅从原研药品的研发角度看，我国已经有一部分企业具备了一定的创新能力和实力。

自 2015 年起，国家对药品审批和监管开始收紧，而且，2015 年下半年 CFDA 启动的药品质量各环节的自查与检查到 2016 年 3 月实施的仿制药一致性评价都显示出，国家正在对仿制药实行高压监管。

可以想象，随着仿制药一致性评价工作的推进，大量低水平重复的药品批号将退出市场，其约占总药品批号的 90%。随着重磅政策的密集出台，加快了医药行业低端企业的淘汰，从而为优质企业提供了有利的创新环境。

近年来，我国创新药的申报呈上升趋势。近 5 年，CDE 受理的国产 1. 1 类化药数量除了在 2016 年有所下降外，其他年份均呈上升趋势。2017 年申报数目为 112 个，包括临床申请和上市申请，达到十年之最。生物药申报数量 62 个，是 2016 年的 2 倍多。

在人才储备方面，近年来国家的人才引进政策也颇有成效。“千人计划”“青年千人”等成功吸引了众多海外高层次人才归国发展，累计 30 万医药海归人才给制药行业带来创新源动力。截至 2017 年，累计共有 3556 人入选国家青年千人项目，国家“千人计划”已经实施 13 批，共引进各类海外人才 7018 人。

以恒瑞医药为例，作为中国医药行业市值的“一哥”，早年是以仿制药起家，其最擅长的也是首仿药。早期的恒瑞医药主要是仿制广谱抗癌药和手术用药，如多西他赛、伊立替康、碘佛醇等。

截至 2014 年，恒瑞制药获批临床和生产的仿制药品种达到 100 多个，涵盖了肿瘤、造影、麻醉、糖尿病和心血管等多个医学领域，也让公司具备了丰富的产品线。前期积累的大量收益也为恒瑞制药进军新药研发提供了基础。2010 年，恒瑞提出了“创新药 + 仿制药”双轮驱动的战略，并于 2014 年推出首个创新药阿帕替尼并上市销售，而另一个创新药艾瑞昔布也于 2016 年获批上市，现在恒瑞医药采取国际化创新思路，让很多新药率先在美国开展临床试验，开拓海外市场。

第10章　探索建立药品专利链接制度的必要性

一、"健康中国战略"是十九大报告的重要内容

健康是全人类的共同诉求，当社会经济发展到一定水平，人们会对生命质量有更高追求。人民健康是最可宝贵的财富，拥有健康的人民意味着拥有更强大的综合国力和可持续发展能力。

在2016年8月举行的全国卫生与健康大会上，习近平总书记深刻阐述推进健康中国建设的重大意义，明确了新形势下卫生与健康工作的方针和目标，作出了加快推进健康中国建设的重大部署，是指导新形势下我国卫生与健康事业发展的纲领性文献。① 习近平总书记在会上强调："健康是促进人的全面发展的必然要求，是经济社会发展的基础条件，是民族昌盛和国家富强的重要标志，也是广大人民群众的共同追求。""没有全民健康，就没有全民小康。要把人民健康放在优先发展的战略地位。""努力全方位、全周期保障人民健康。""推进健康中国建设，是党对人民的郑重

---

① 人民日报社论：共建共享健康中国［EB/OL］．［2018-02-01］．http：//cpc. people. com. cn/pinglun/n1/2016/0821/c7877 9 – 28652227. html.

承诺。”

在党的十九大报告中，习近平总书记再次深刻指出，“实施健康中国战略。人民健康是民族昌盛和国家富强的重要标志。要完善国民健康政策，为人民群众提供全方位、全周期健康服务。深化医药卫生体制改革，全面建立中国特色基本医疗卫生制度、医疗保障制度和优质高效的医疗卫生服务体系，健全现代医院管理制度。”

当今中国，创新驱动发展是国家“十三五”的核心战略，医药产业是创新的支柱产业之一，也是供给侧结构性改革的主战场之一。医药创新是国家创新体系的重要组成部分，发展医药创新不仅可以为经济发展提供长久动力，也是解决民生问题的根本需求。正如《“健康中国 2030”规划纲要》所指出的，健康是促进人的全面发展的必然要求，是社会经济发展的基础条件，为此，要加强医药技术创新。推动治疗重大疾病的专利到期药物实现仿制上市。大力发展生物药、化学药新品种，到 2030 年，药品、医疗器械质量标准全面与国际接轨。

健康梦是中国梦的重要部分。中国实现“两个一百年”奋斗目标、实现中华民族伟大复兴的中国梦，一方面需要立足现实，把人民健康放在优先发展的战略地位，加快推进健康中国建设；另一方面，需要面向未来，构建具有生命力和竞争力的医药创新产业，在未来的国际竞争中占据一席之地。中央及国务院自 2015 年 8 月以来出台了一系列文件，推进药品、医疗器械审评审批制度改革，鼓励药品医疗器械创新，正是为了促进药品医疗器械产业结构调整和技术创新，提高产业竞争力，满足公众对于健康的需要，实现“健康中国”的战略目标。

二、医药改革具体方向

目前，我国的药品监管工作正在进行一系列的改革，例如，CFDA 公布实施的《化学药品注册分类改革工作方案》、国务院办公厅印发的《干预开展仿制药质量和疗效一致性评价的意见》以及为了规范仿制药质量和疗效一致性评价工作，CFDA 制定的《普通服固体制剂参比制剂选择和确定指导原则》《普通口服固体制剂溶出曲线测定与比较指导原则》《以药动学参数为终点评价指标的化学药物仿制药人体生物等效性研究技术指导原则》等文件。2017 年9 月，CFDA 药品审评中心就《中国上市药品目录集》框架征求意见。

1. 药品分类调整

2016 年 3 月 4 日，CFDA 正式发布实施《化学药品注册分类改革工作方案》，调整了化学药品注册分类类别，化学药品新注册分类共分为 5 个类别，在该方案下，我国原研药与仿制药的含义与美国一致。即原研药是指含有新的结构明确的、具有药理作用的化合物，且具有临床价值的化合物；仿制药是指仿制已上市原研药的药品，分为仿制境外已上市、境内未上市原研药品以及仿制境内已上市原研药品两类。

2. 推行仿制药一致性评价

在 CFDA 发布《化学药品注册分类改革工作方案》等一系列文件之前，我国仿制药申请上市审批与原研药一样，也需要提交证明药品安全性、有效性的数据，但是，由于我国之前仿制药上市不以原研药为参照，仿制药申请人提交的上述数据存在严重的造假现象，同时，仿制药的质量参差不齐；而根据 CFDA 发布的一系列最新文件，今后我国仿制药以原研药为参比药，同时，需要提交证明其与参比药一致的生物等效性数据。

3. 建立中国“橘皮书”

2017 年 9 月 4 日，CFDA 药品审评中心就《中国上市药品目录集》框架征求意见。该目录集收录了具有完整规范的安全性和有效性研究数据获得批准的原研药和改良型新药，以及具有药学等效和生物等效的仿制药品，并确定参比制剂和标准制剂。该目录集的发布对公众可维护用药权益，降低用药负担，提高药品可及性；对于制药企业则可以促进药物研发创新，保护专利权人合法权益。同时也有利于仿制药发展，提高仿制药质量，明确仿制药的标准，降低仿制药专利侵权风险。当然，也方便行业和公众及时、准确、全面了解上市药品的相关信息。[①]

4. 探索建立药品专利链接制度

2016 年以来，中共中央、国务院及 CFDA 多次发布文件，明确探索建立药品专利链接的试点工作。2017 年 5 月 12 日，CFDA 发布《关于鼓励药品医疗器械创新　保护创新者权益的相关政策（征求意见稿)》，提出建立药品专利链接制度、完善药品试验数据保护制度、落实国家工作人员保密责任和建立上市药品目录集，以鼓励药品创新，保护创新者利益。2017 年 10 月 8 日，中共中央办公厅、国务院办公厅印发了《关于深化审评审批制度改革鼓励药品医疗器械创新的意见》，这是医药改革的纲领性文件。意见第三部分“促进药品创新和仿制药发展”明确要“探索建立药品专利链接制度”。2017 年 10 月 23 日，CFDA 再次就《药品注册管理办法（修订稿)》向社会公开征求意见，其中，修订稿第 99 条删除了关于公示申请人提交的说明或声明的规定，并在第 99 条第 2 款明确规定，“药品审评审批与药品专利链接的相关制度另行制定。”可见，中国探索建立药品专利链接试点工作的方向已经明确。

药品专利链接制度涉及实体和程序制度的构建，其中，关于专利挑战案件的管辖、审理、法律责任以及程序上与药品审批的链接都是需要进一步明确的。只有这样，才能实现药品专利链接制度在中国的落地。

三、医药产业创新是国家政策持续的重点和目标

事实上，近年来，我国政府出台的一系列政策旨在扶持医药产业的发

① 首次发布！《中国上市药品目录集》[EB/OL]. [2017-12-04]. http://www.sohu.com/a/169703129_183834.

展，鼓励和引导原研药物的研发，加速产业转型，努力由仿制药大国向原研药大国迈进。

十年来，医药产业创新始终是国家政策的重点和目标。

医药产业创新是国家知识产权战略的重要内容。早在2006年国务院发布的《国家中长期科技发展规划纲要（2006～2020年）》中，就将“重大新药创制”确定为16个科技重大专项之一。

2008年6月，国务院发布了《国家知识产权战略纲要》，其中关于专利五项专项任务的第一项就是要“以国家战略需求为导向，在生物和医药、信息、新材料、先进制造、先进能源、海洋、资源环境、现代农业、现代交通、航空航天等技术领域超前部署，掌握一批核心技术的专利，支撑我国高技术产业与新兴产业发展。”

2010年，《国务院关于加快培育和发展战略性新兴产业的决定》中指出生物产业是我国未来重点发展的七大新兴产业之一。

2011年1月，卫生部原部长陈竺在“十二五”卫生发展的总体目标中提出，“到2015年，覆盖城乡居民的基本医疗卫生制度初步建立，基本医疗保障制度更加健全，公共卫生服务体系和医疗服务体系更加完善，药品供应保障体系更加规范……国民健康水平达到发展中国家前列”。

2016年2月14日，鉴于医药产业关系全民健康，市场需求巨大，国务院常务会议部署了推动医药产业创新升级，并明确了四大方向，其中第一个方向为：“瞄准群众急需，加强原研药、首仿药、中药、新型制剂、高端医疗器械等研发创新，加快肿瘤、糖尿病、心脑血管疾病等多发病和罕见病重大药物产业化。支持已获得专利的国产原研药和品牌仿制药开展国际注册认证”。

全国人大常委会原副委员长、中国药学会理事长、中国工程院院士桑国卫在多个会议、调研场合也多次强调要大力推动医药产业创新发展，加大医药研发投入，努力将医药产业做大做强。他在2016年6月19日举行的第二届药学前沿高峰论坛上所作的题为“我国原研药物研发的政策环境”的演讲中，专门提到完善专利链接制度，建立专利补偿制度。

2016 年 8 月 19 ~ 20 日，全国卫生与健康大会在北京召开，习近平主席在会上强调：“没有全民健康，就没有全民小康。要把人民健康放在优先发展的战略地位”“努力全方位、全周期保障人民健康”“推进健康中国建设，是党对人民的郑重承诺。”

2016 年 10 月 25 日，中共中央、国务院印发了《“健康中国 2030”规划纲要》，其中指出：健康是促进人的全面发展的必然要求，是社会经济发展的基础条件，并制定了到 2030 年，基本实现健康公平的目标。为此，要加强医药技术创新，加强医药的创新动力，推动治疗重大疾病的专利到期药物实现仿制上市。大力发展生物药、化学药新品种，到 2030 年，药品，医疗器械质量标准全面与国际接轨。

2016 年 10 月 30 日，原 CFDA 局长毕井泉主持召开座谈会，听取药品研发生产企业对药品审评审批制度改革的意见建议时强调：“要努力建立鼓励创新的药品审评审批制度，完善法规制度、政策措施、技术指南，以临床为导向重构药品审评流程，以审评为中心整合监管资源，提高审评能力和监管效率，研究临床试验管理、数据保护、专利链接等与创新密切相关的政策，以监管制度创新推动制药业转型升级和供给侧结构性改革。要转变监管理念，寓监管于服务之中，加强与业界的沟通交流，指导企业落实质量安全管理规范，提高产品质量和国际竞争力。要抓紧推进仿制药质量疗效一致性评价，实现仿制药与原研药在临床上相互替代。做好药品上市许可持有人制度试点、工艺核查等工作，总结经验，完善政策。”

我国政府出台的一系列政策旨在扶持医药产业的发展，特别是近年来更紧跟国际趋势，将生物医药产业的发展列为重中之重，鼓励和引导原研药物的研发，加速产业转型，努力由仿制药大国向原研药大国迈进。在国家对医药产业整体规划的大方向下，各项具体措施的实施是医药产业取得长足发展的主要推动力。

尽管当前仿制药企业占据医药产业的主流，但从长远角度来看，创新是促进我国医药产业可持续发展的原动力。十二届全国人大常委会第十七次会议审议《关于授权国务院开展药品上市许可持有人制度试点和药品注册分类改革试点工作的决定（草案）》时指出，改革应当鼓励药品创新，提升药品质量。医药产业创新升级已成为国家战略，创新成为医药工业“十三五”规划的关键词，创新是医药产业由大到强转变的关键。因此，尽管在今后一段时期之内，为了解决药品可及性问题，仿制药企业还将长期大量存在，但越来越多的仿制药企业在仿制原研药的同时，也开始把目光转向新药研发，国家从政策层面也不断加强对新药研发的支持与鼓励，创新成为医药行业发展的潮流和趋势。

为了解决目前我国医药行业存在的问题，从 2015 年 8 月开始全面启动医药改革，主要涉及三个方面。

1. 抓质量：开展仿制药质量和疗效一致性评价

2015 年 8 月，国务院印发《国务院关于改革药品医疗器械审评审批制度的意见》（国发〔2015〕44 号），指出，我国“仿制药重复建设、重复申请，市场恶性竞争，部分仿制药质量与国际先进水平存在较大差距”。为此，要提高仿制药质量，加快仿制药质量一致性评价，力争 2018 年底前完成国家基本药物口服制剂与参比制剂质量一致性评价。开展仿制药质量和疗效一致性评价工作，对提升我国制药行业整体水平，实现上市产品有效性、安全性、质量可控性达到或接近国际水平，更好地满足公众用药需求，促进医药产业升级和结构调整，具有重要的意义。它标志着中国医药改革的全面启动。随后，国务院和 CFDA 推出了一系列的改革措施。

2015 年 10 月，十二届全国人大常委会第十七次会议审议《关于授权国务院开展药品上市许可持有人制度试点和药品注册分类改革试点工作的决定（草案）》时指出，改革应当鼓励药品创新，提升药品质量。医药产业创新升级已成为国家战略，创新成为医药工业“十三五”规划的关键词，创新是医药产业由大到强转变的关键。

2016 年 2 月 6 日，国务院办公厅印发《国务院办公厅关于开展仿制药质量和疗效一致性评价的意见》（国办发〔2016〕8 号），明确了按照与原研药质量和疗效一致的标准，对已上市仿制药口服制剂开展一致性评价的目标任务和鼓励政策。目前已发布一致性评价配套文件 19 个，受理仿制药参比制剂备案 5111 个。

2016 年 3 月 4 日，CFDA 发布《化学药品注册分类改革工作方案》，仿制药指仿制已上市原研药品的药品，主要分为两类：一是仿制境外已上市境内未上市原研药品，二是仿制境内已上市原研药品。方案规定，仿制药的注册申请无须自行进行临床试验，只需要提交生物等效性试验数据以及国内外的相关临床试验资料综述，并声明不侵犯相关原研药企业的知识产权。

2017 年 2 月，国务院印发《“十三五”国家药品安全规划》（国发〔2017〕12 号），其中提出，“十三五”期间，我国将进一步提高药品质量，不断提升相关标准，逐步完善审评审批体系，推进健康中国建设。

目前，我国的药品监管工作正在进行一系列的改革，CFDA 公布实施的《化学药品注册分类改革工作方案》、国务院办公厅印发的《关于开展仿制药质量和疗效一致性评价的意见》以及为了规范仿制药质量和疗效一致性评价工作，CFDA 制定《普通服固体制剂参比制剂选择和确定指导原则》《普通口服固体制剂溶出曲线测定与比较指导原则》《以药动学参数为终点评价指标的化学药物仿制药人体生物等效性研究技术指导原则》等文件。

（1）药品分类调整

2016 年 3 月 4 日，CFDA 正式发布实施《化学药品注册分类改革工作方案》（以下简称“方案”），调整了化学药品注册分类类别，化学药品新注册分类共分为 5 个类别，在该方案下，我国原研药与仿制药的含义与美国一致。即原研药是指含有新的结构明确的、具有药理作用的化合物，且具有临床价值的化合物；仿制药是指仿制已上市原研药的药品，分为仿制境外已上市境内未上市原研药品以及仿制境内已上市原研药品两类。新的化学药品分类情况如表2所示。

表2 新化学药品分类情况

注册分类	分类说明	包含的情形
1	境内外均未上市的原研药	含有新的结构明确的、具有药理作用的化合物，且具有临床价值的药品
2	境内外均未上市的改良型新药	2.1 含有用拆分或者合成等方法制得的已知活性成分的光学异构体，或者对已知活性成分成酯，或者对已知活性成分成盐（包括含有氢键或配位键的盐），或者改变已知盐类活性成分的酸根、碱基或金属元素，或者形成其他非共价键衍生物（如络合物、螯合物或包合物），且具有明显临床优势的原料药及其制剂
		2.2 含有已知活性成分的新剂型（包括新的给药系统）、新处方工艺、新给药途径，且具有明显临床优势的制剂
		2.3 含有已知活性成分的新复方制剂，且具有明显临床优势
		2.4 含有已知活性成分的新适应症的制剂
3	境内申请人仿制境外上市但境内未上市原研药品的药品	具有与原研药品相同的活性成分、剂型、规格、适应症、给药途径和用法用量的原料药及其制剂
4	仿制境内已上市原研药品的药品	具有与原研药品相同的活性成分、剂型、规格、适应症、给药途径和用法用量的原料药及其制剂
5	境外上市的药品申请在境内上市	5.1 境外上市的原研药品（包括原料药及其制剂）申请在境内上市
		5.2 境外上市的非原研药品（包括原料药及其制剂）申请在境内上市

（2）推行仿制药一致性评价

在 CFDA 发布《化学药品注册分类改革工作方案》等一系列文件之前，我国仿制药申请上市审批与原研药一样，也需要提交证明药品安全性、有效性的数据，但是，由于我国之前仿制药上市不以原研药为参照，仿制药申请人提交的上述数据存在严重的造假现象，同时，仿制药的质量参差不齐；根据 CFDA 发布的一系列最新文件，我国仿制药以原研药为参比制剂，同时，需要提交证明其与参比制剂一致的生物等效性数据。

2. 抓审查审批速度：加快审查审批工作，减少积压

2014 年 12 月 18 日，在第 25 届中美商贸联合委员会上，中国承诺将加快对美国药品和医疗器械的进口。美国商贸人士抱怨中国药品进口的审评审批过程太长，而且积压数量巨大。对此，中方表示：中国政府将简化对于美国制药和医疗企业所生产产品的审评审批流程，并在两到三年内解决积压问题。

2015 年 8 月，国务院印发的《国务院关于改革药品医疗器械审评审批制度的意见》（国发〔2015〕44 号）也指出，“近年来，我国医药产业快速发展，药品医疗器械质量和标准不断提高，较好地满足了公众用药需要。与此同时，药品医疗器械审评审批中存在的问题也日益突出，注册申请资料质量不高，审评过程中需要多次补充完善，严重影响审评审批效率；临床急需新药的上市审批时间过长，药品研发机构和科研人员不能申请药品注册，影响药品创新的积极性”，因此，要采取措施解决注册申请积压问题，严格控制市场供大于求药品的审批；争取 2016 年之前消化积压存量，尽快实现注册申请和审评数量年度进出平衡，2018 年实现按规定时限审批。

2017 年 6 月，CFDA 通过深入推进药品审评审批制度改革，药品审评队伍已由 2015 年初的 200 余人增加到目前的近 600 人，基本消除注册申请积压，实现了注册申请和审评数量年度进出平衡。等待审评的药品注册申请已由 2015 年的 22000 件降至 6000 件。化学药和疫苗临床试验申请、中

药各类注册申请已实现按时限审评。

3. 抓鼓励创新：开展“药品专利链接”“试验数据保护”“专利期补偿”制度的研究

2016 年 10 月 30 日，原 CFDA 局长毕井泉主持召开座谈会，听取药品研发生产企业对药品审评审批制度改革的意见建议时强调：“要努力建立鼓励创新的药品审评审批制度，完善法规制度、政策措施、技术指南，以临床为导向重构药品审评流程，以审评为中心整合监管资源，提高审评能力和监管效率，研究临床试验管理、数据保护、专利链接等与创新密切相关的政策，以监管制度创新推动制药业转型升级和供给侧结构性改革。要转变监管理念，寓监管于服务之中，加强与业界的沟通交流，指导企业落实质量安全管理规范，提高产品质量和国际竞争力。要抓紧推进仿制药质量疗效一致性评价，实现仿制药与原研药在临床上相互替代。做好药品上市许可持有人制度试点、工艺核查等工作，总结经验，完善政策。”

2017 年 5 月 12 日，CFDA 发布《关于鼓励药品医疗器械创新 保护创新者权益的相关政策（征求意见稿）》（2017 年第 55 号），提出要建立药品专利链接制度、完善药品试验数据保护制度、落实国家工作人员保密责任和建立上市药品目录集，以鼓励药品创新，保护创新者利益。

2017 年 6 月 22 日，原 CFDA 局长毕井泉在十二届全国人大常委会第 28 次会议上报告药品管理工作情况时指出，今后主要工作包括：①推进审评审批制度改革，研究制定鼓励药物研发创新的政策，促进原研药研发，推动产业结构调整升级，减少药品产业低水平重复；②完善药品专利保护制度，保护创新者权益，保障公众用药可及，调动各方投入新药研发的积极性；③鼓励仿制药研发，加快推进仿制药质量和疗效一致性评价，提升仿制药质量。

2017 年 7 月 19 日，中央全面深化改革领导小组第 37 次会议审议通过了《关于深化审评审批制度改革鼓励药品医疗器械创新的意见》。意见指出，药品医疗器械质量安全和创新发展是建设健康中国的重要保障。要改革完善审评审批制度，激发医药产业创新发展活力，改革临床试验管理，加快上市审评审批，推进仿制药质量和疗效一致性评价，完善食品药品监管体制，推动企业提高创新和研发能力，加快新药好药上市，满足临床用药急需。

2017 年 8 月 29 日，原 CFDA 局长毕井泉在第十一届药典委员会成立大会上讲话指出：围绕医药改革，党中央、国务院已经作了一系列重大决策。改革总的目标就是与国际接轨。药品上市的基本标准就是新药要“全球新”，仿制药要与原研药质量疗效一致。要研究建立药品数据保护制度、专利补偿制度、药品审评与专利链接制度，把专利纠纷解决在药品上市之前，既鼓励药品创新，使创新者受到激励；也鼓励仿制，降低企业仿制成本和法律风险。①

2017 年 9 月 4 日，CFDA 药品审评中心就《中国上市药品目录集》框架公开征求意见。

2017 年 10 月 8 日，中共中央办公厅、国务院办公厅印发了《关于深化审评审批制度改革鼓励药品医疗器械创新的意见》，这是医药改革的纲领性文件。意见第三部分“促进药品创新和仿制药发展”明确：

“（十五）建立上市药品目录集。新批准上市或通过仿制药质量和疗效一致性评价的药品，载入中国上市药品目录集，注明原研药、改良型新药及与原研药品质量和疗效一致的仿制药等属性，以及有效成分、剂型、规格、上市许可持有人、取得的专利权、试验数据保护期等信息。

“（十六）探索建立药品专利链接制度。为保护专利权人合法权益，降低仿制药专利侵权风险，鼓励仿制药发展，探索建立药品审评审批与药品

---

① 原 CFDA 局长毕井泉提出：“研究新药上市标准、橘皮书和药典的关系。按照现代药品监管的理念和实践，批准上市一种原研药，就是批准一种药品的标准，包括活性成分、配方、用药途径、剂型、规格、使用方法、制作工艺及作为企业商业秘密的工艺参数。这些也是产品上市后的监管依据。”“经批准上市的作为参比制剂的原研药与经评价疗效等效的仿制药载入一个目录集，及时更新，这是美国橘皮书制度。我们也要建立中国的橘皮书制度。我们要研究批准上市新药的标准、橘皮书和药典之间的关系，各自发挥什么作用。”

专利链接制度。药品注册申请人提交注册申请时，应说明涉及的相关专利及其权属状态，并在规定期限内告知相关药品专利权人。专利权存在纠纷的，当事人可以向法院起诉，其间不停止药品技术审评。对通过技术审评的药品，食品药品监管部门根据法院生效判决、裁定或调解书作出是否批准上市的决定；超过一定期限未取得生效判决、裁定或调解书的，食品药品监管部门可批准上市。

“（十七）开展药品专利期限补偿制度试点。选择部分新药开展试点，对因临床试验和审评审批延误上市的时间，给予适当专利期限补偿。

“（十八）完善和落实药品试验数据保护制度。药品注册申请人在提交注册申请时，可同时提交试验数据保护申请。对原研药、罕见病治疗药品、儿童专用药、创新治疗用生物制品以及挑战专利成功药品注册申请人提交的自行取得且未披露的试验数据和其他数据，给予一定的数据保护期。数据保护期自药品批准上市之日起计算。数据保护期内，不批准其他申请人同品种上市申请，申请人自行取得的数据或获得上市许可的申请人同意的除外。

“（十九）促进药品仿制生产。坚持鼓励创新与促进药品仿制生产、降低用药负担并重，定期发布专利权到期、终止、无效且尚无仿制申请的药品清单，引导仿制药研发生产，提高公众用药可及性。完善相关研究和评价技术指导原则，支持生物类似药、具有临床价值的药械组合产品的仿制。加快推进仿制药质量和疗效一致性评价。”

我国从2017年5月开始进行“药品专利链接”“试验数据保护”“专利期补偿”制度的研究工作。

始于2015年的药品审评改革在过去的两年里从不同的角度着力布局全新的医药产业生态环境。行业对于自查核查、一致性评价、MAH、优先审评等稍早出台的政策已经逐渐适应，在落实过程中也取得了不少阶段性成果。比如严肃数据造假查处上升法律高度、17个仿制药完成一致性评价、MAH试点后收到注册申请560件、423个药品注册申请被纳入了优先审评。

其中最重要的突破是在短时间内解决了药品注册申请积压这一历史遗留问题，目前药品注册申请已经由 2015 年高峰时的 22000 件减至不到 4000 件，化学药、中药等多类注册申请已实现按时限批准。优先审评的目的也由最初的解决注册申请积压，逐渐转向鼓励创新和满足临床需求。①

如果说 2016 年改革的侧重点是解决药品注册申请积压和提高药品标准。那么在过去的 2017 年，药品审评改革的方向则侧重于尽可能满足临床需要，以及与国际接轨。行业的关注也从原来的提高药品质量，逐渐转移到鼓励药物创新上，法规的变动则更多集中在改革药物临床试验管理和临床能力的组建。

四、我国现行药品政策存在的问题

（一）药品专利保护不力，不利于药品创新发展

药品研发是一个研发周期长、资金耗费巨大、风险极高的活动。原研药物潜在的巨额利润是驱使企业投入研发新药的直接诱因，而收回原研药的研发成本及获得后续研发资金则需要完善的专利保护制度来实现。一直以来，原研药基本由外国企业控制，我国医药企业的创新水平有限，并且以生产仿制药为主，出于保护本国医药产业的角度出发，曾认为加大药品专利保护，伤害了本国医药企业的利益，特别是仿制药企业，所以从实施专利制度开始至今，对药品专利的保护一直都不充分。

但是，30 多年的药品专利保护实践经验说明，加强药品专利保护对提

① 陈小娟．2017 年药监改革全年回顾［J］．Medical Research & Publication，2018，4（1）：37－39.

高我国本土药品产业创新发展具有重要作用。

1985～1993年，因考虑到我国人口众多，药品需求量大，本国医药产业发展水平还比较低，为了解决我国人民的吃药问题，同时给予本国医药产业发展空间，我国专利法不保护药品。事实上，这一药品专利政策并没有给我国药品产业带来益处。

1993年修改《专利法》后，药品专利开始受到专利法保护。在对药品专利给予保护的20多年里，国外原研药陆续进入中国，并没有出现之前担忧的药品可及性问题。其间，我国本土医药产业相较于1993年以前发展更快。

（二）规定不系统缺乏可操作性，使多方受害

为了促进我国仿制药的发展，使仿制药能够尽快上市，我国参考美国的做法在2008年专利法修改中引入了Bolar例外。同时，自2002年《药品注册管理办法》中也规定了类似于美国药品专利链接制度的规定。但是，美国的Bolar例外在为仿制药尽早研发以便尽早上市提供支持的同时，又与包括拟制侵权及其他药品注册审批中的规定一起组成了一个体系，平衡仿制药企业与原研药申请人之间的利益。由于我国缺少拟制侵权以及药品管理法律不完善等，给我国制药产业的发展埋下了隐患。

1. 没有拟制侵权规定，原研药企业没有维权依据

对原研药企业来说，如果其发现侵犯其专利权的仿制药已经向药监部门申请注册，依据现行《药品管理办法》，其应当按专利法规定解决专利纠纷，但专利法也没有规定这种行为是否构成侵权，这种情况下，原研药申请人怎样来阻止这种继发性侵权来保证自己的利益?

2.《药品注册管理办法》仅规定专利纠纷根据专利法规定处理仍使药监部门面临巨大压力

虽然表面上看，《药品注册管理办法》仅规定专利纠纷按照专利法律

规定处理，能够使药监部门与药品专利问题划清界限，但实际上，由于其特殊地位，即决定药品能否上市的权力地位，导致其仍然要面对来自各方的压力。因为，一旦涉嫌侵权的仿制药申请药品注册，原研药申请人通常会要求药监部门不批准该申请，而仿制药申请人则要求药监部门批准。如果仿制药上市后双方的纠纷有了不利于仿制药司法判决结果，药监部门又要面临是否撤销批准文号的压力。

3. 现行规定不利于我国仿制药产业健康发展

根据现行规定原研药企业无法阻止仿制药上市，但其上市后仍然会被诉侵权，从而引起专利纠纷。仿制药企业为此将面临诉讼及停止生产和赔偿风险，一旦法院判决停止侵权行为，仿制药企业为生产该药品而进行的设备等投入将无法收回，甚至可能使其面临破产的风险。

同时，这种情况可能导致一些仿制药企业出于投资安全角度考虑，主要生产那些已经大量仿制的没有任何侵权风险的低水平药物，但其收益又较低，因此也就无法累积资金进行高水平仿制药的研发。如此恶性循环，不利于我国形成健康强大的仿制药产业。

4. 可能影响我国人民的药品可及性

目前我国的药品创新能力不强，国内制药企业能够独立研发的新药种类少，大量的罕见药都由外国企业研发。这种情况下，一旦外国企业因为我国专利保护不力等原因不愿意进入中国或者推迟进入，则我国人民获得有效治疗药品的难度将加大。另外，我国仿制药企业的仿制药水平不够，无法仿制这些罕见药或者高水平的原研药，或者仿制质量不够，这些都将影响我国人民的用药需求。

第 11 章　建立中国药品专利链接的制度基础

一、药品专利链接制度的核心价值与制度基础

药品专利链接制度中的“链接”主要指的是两个环节的链接：其一，仿制药申请上市时与原研药专利状态的链接，即仿制药上市申请人在提交上市申请时，药品监督管理部门（在中国，2018 年 3 月机构改革前，药品监督管理部门是指国家食品药品监督管理总局，机构改革后，名称为国家市场监督管理总局国家药品监督管理局,[①] “CFDA” 或 “国家药监局”[②])

① 根据中国共产党第十九届中央委员会第三次全体会议通过，并于 2018 年 3 月印发的《深化党和国家机构改革方案》之规定，将国家工商行政管理总局的职责，国家质量监督检验检疫总局的职责，国家食品药品监督管理总局的职责，国家发展和改革委员会的价格监督检查与反垄断执法职责，商务部的经营者集中反垄断执法以及国务院反垄断委员会办公室等职责整合，组建国家市场监督管理总局，作为国务院直属机构。其主要职责是，负责市场综合监督管理，统一登记市场主体并建立信息公示和共享机制，组织市场监管综合执法工作，承担反垄断统一执法，规范和维护市场秩序，组织实施质量强国战略，负责工业产品质量安全、食品安全、特种设备安全监管，统一管理计量标准、检验检测、认证认可工作等。组建国家药品监督管理局，由国家市场监督管理总局管理，主要职责是负责药品、化妆品、医疗器械的注册并实施监督管理。

② 如无特别说明，CFDA 是指 2018 年 3 月机构改革前的国家食品药品监督管理总局，国家药监局是指 2018 年 3 月机构改革后的国家市场监督管理总局国家药品监督管理局。本书在提及 2018 年 3 月之前的药品监督管理部门时，相关主体名称均使用“CFDA”，而提出相关的建议若涉及药品监督管理部门，则相关主体名称均使用“国家药监局”。

在对仿制药上市申请进行审批时，需要考虑相关仿制药所涉及的药品专利的状态；其二，国家药监局作出的仿制药上市审批决定与仿制药上市申请人专利挑战结果的链接，即根据仿制药上市申请人基于第Ⅳ种声明①提起的专利挑战的结果，决定是否对仿制药上市申请予以审批。

1. 市场确定性是药品专利链接制度的核心价值所在

对于药品产业而言，药品的安全性及市场的确定性是制药企业关注的焦点与核心。药品专利链接制度之所以在美国获得了原研药产业和仿制药产业的一致认可，其最主要的优点在于，通过药品专利链接制度和专利挑战程序，使得原研药企业与仿制药企业之间可能发生的专利纠纷得以在仿制药上市之前解决，进而为原研药企业和仿制药企业提供市场可预见性和确定性。

对于原研药企业而言，新药研发具有投资大、风险大、难度大、市场大和周期长的特点。在新药上市后，原研药企业需要相当长的一段时间培育市场，对医生和患者进行培训，使新药能最终进入市场，为相关消费者所接受，实现其治病救人的目的。原研药企业希望通过更长时间的市场独占收回成本，获取收益，但又不得不受制于国家与社会医疗卫生体系对药品可及性与降低药品价格需求的制约。药品专利链接制度为原研药企业了解市场上存在的有意仿制其原研药的仿制药企业及其仿制药的上市进程提供了可能。特别是仿制药企业通过专利挑战程序挑战原研药专利时，原研药企业有机会了解该仿制药的基本情况，并可以通过和解程序延缓仿制药的上市，并为自己赢得更长时间的市场独占期，也使其对仿制药上市之后可能面临的药品价格“专利悬崖”② 有明确的预期。

对于仿制药企业而言，仿制原研药的行为尽管不需要像新药研发那样的高额投入，但同样需要一定水平的研发和投入，如果不能在仿制药上市

① 如无特别说明，第Ⅳ种声明专指中国药品专利链接制度中仿制药上市申请人作出的关于药品专利无效或不侵权的声明，其含义与本书提及的美国药品专利链接制度中的“第Ⅳ段声明”含义相同。

② 专利悬崖（patent cliff）是对企业的产品在专利失效后利润大幅下降的形象称呼，在对专利保护依赖程度很高的原研药市场，这一现象尤为明显。

前扫清障碍，特别是扫清原研药的专利障碍，其仿制药的上市将面临巨大的专利侵权风险。在美国的专利制度框架下，这意味着仿制药企业将面临高额的诉讼赔偿和仿制药的退市。

在依据专利法严格依法保护药品创新的情况下，一旦出现这种情况，不仅对仿制药企业是巨大的打击，致其失去市场并导致高额损害赔偿，更严重的是对消费者带来的损害，导致消费者突然丧失廉价仿制药的来源。专利挑战程序为仿制药企业确认其仿制药上市是否会引发侵权风险，并由此导致高额诉讼赔偿提供了司法路径。即使在某些情况下，仿制药企业最终与原研药企业达成和解，仿制药企业亦可以通过相关和解协议获得药品顺利上市而免于承担侵权风险的许可和保证。对于社会公众和消费者而言，仿制药企业所获得的这种许可和保证将确保其在仿制药上市后，持续获得与原研药具有生物等效性的仿制药的供应，而不会因为侵权行为引发的仿制药退市而使患者丧失获得廉价仿制药的来源。此外，如果 FDA 就某一特定原研药收到一份或多份含有第Ⅳ段声明的 ANDA 申请，也有助于其他仿制药企业确定和评估潜在的商业机会。成功的专利挑战可以为其他仿制药企业提交 ANDA 铺平道路，并使其对首仿药 180 天独占期届满后上市有明确市场预期，有助于其制定商业规划。

2. 严格依法保护药品创新是药品专利链接制度有效实施的前提和基础

美国 1984 年出台的 Hatch-Waxman 法案及药品专利链接制度均是建立在专利制度保护药品创新基础上的，没有对药品创新成果的专利保护，就谈不上 Hatch-Waxman 法案的出台，更谈不上药品专利链接制度。

在我国，药品专利的保护经历了从无到有的过程。我国《专利法》实施之初，药品专利并不在专利保护范围之内。1992 年修改的《专利法》取消了“对食品、饮料和调味品，药品和用化学方法获得的物质不授予专利权”这一限制，扩大了专利保护范围，将药品专利纳入专利保护的范围。但是，在制度实施过程中，鉴于中国仿制药占绝对主导地位的情况，中国的立法、行政、司法更倾向于对仿制药的保护。2008 年《专利法》第三次修改时增加“Bolar 例外”的规定和强化关于药品强制许可的规定，均明显倾向于保护仿制药产业。

长期以来，中国医药行业的研发受垂直价值链思维影响很深，多数都处于低水平重复阶段。目前中国医药行业存在的问题主要有四个方面：第一，制药行业低水平重复问题突出，药品研发投入严重不足。2016 年全国制药企业研发投入不及世界上最大一家制药企业的研发经费，临床急需的原研药物短缺，结构性问题突出。第二，药品质量安全风险隐患较多。第三，药品流通领域矛盾错综复杂。现有零售药店 40 多万家，管理水平参差不齐，特别是部分药店进货渠道把关不严，成为假劣药品、非法回收药品进入合法渠道的“入口”。第四，短缺药品供应保障机制亟需健全完善。药品产能总量过剩与结构性短缺并存。①

有鉴于此，近年来，我国政府出台的一系列政策旨在扶持医药产业发展，鼓励和引导原研药物研发，加速产业转型，推动我国由仿制药大国向原研药大国迈进。2016 年 8 月，习近平总书记在全国卫生与健康大会上强调：“没有全民健康，就没有全民小康。要把人民健康放在优先发展的战略地位”“努力全方位、全周期保障人民健康”“推进健康中国建设，是党对人民的郑重承诺。”

2016 年 10 月 25 日，中共中央、国务院印发的《“健康中国 2030”规划纲要》指出：健康是促进人的全面发展的必然要求，是社会经济发展的基础条件，并制定了到 2030 年，基本实现健康公平的目标。为此，要加强医药技术创新。加强医药的创新动力。推动治疗重大疾病的专利到期药物实现仿制上市。大力发展生物药、化学药新品种，到 2030 年，药品、医疗器械质量标准全面与国际接轨。

2017 年 10 月，中共中央办公厅、国务院办公厅出台的《关于深化

① 2017 年 6 月 22 日第十二届全国人大常委会第 28 次会议上关于药品管理工作情况的报告。

审评审批制度改革鼓励药品医疗器械创新的意见》（以下简称《意见》），旨在为深化审评审批制度改革，鼓励药品医疗器械创提供指引。这也表明，中国已经从倾向于保护仿制药走向促进创仿平衡的发展道路上。

如前所述，药品专利链接制度的有效实施是以对药品创新的有效、严格保护为基础的。有效保护药品创新是前提，没有创新就谈不上仿制，没有原研药，仿制也无药可仿。建立好的法律制度和营造好的执法环境，才能激励创新，吸引创新企业为药品创新而努力。有了创新，才能给仿制药挑战专利提供目标和方向。美国 Hatch-Waxman 法案正是在严格保护药品专利权的基础上产生的。一方面保护创新，另一方面鼓励仿制。当然，仿制药上市要遵守一定的规则，由此产生了该法案。所以，Hatch-Waxman 法案也被称为“仿制药法案”。

笔者认为，如果不加强对药品创新的专利保护，药品专利审查授权和药品专利的保护依旧倾向于保护仿制药产业。一方面，在行政授权确权过程中，药品专利“授权难、无效易”的情况屡见不鲜，另一方面，在司法保护过程中，即使药品专利权人胜诉，也很难获得高额赔偿，甚至停止侵害的诉讼请求能否落实都难以保证，那么，药品专利链接制度就无法达到预期效果。药品专利链接制度是一个平衡的制度，其在我国的实现效果有赖于制度实施过程中的相关主体，特别是行政授权确权部门、司法部门能够转换观念，无论是在药品专利审查、授权和无效审查过程中，还是在审理药品专利侵权纠纷案件过程中，切实、依法为药品创新提供有效、严格保护，使原研药企业能够从药品创新中获得回报，并激励其进一步加大药品研发力度和创新投入，研发、制造出更多可供仿制药企业参比、仿制的原研药，真正实现原研药和仿制药的平衡发展和共同繁荣，这也是药品专利链接制度得以有效实施的基础。

二、建立中国的橘皮书制度

1. 美国橘皮书制度

经治疗等同性评价批准的药物（也称为"橘皮书"）收录了 FDA 根据联邦食品、药品与化妆品法案基于安全性与有效性原则已批准的药物，但没有收录仅基于安全性评价的上市药品。其中最重要的是列明原研药企业向 FDA 进行新药申请时提交的覆盖该新药的药品或使用方法的专利信息。此外，橘皮书还登记了下列信息：经批准上市的药品及批件持有人；该药品的活性成分、给药形式及其剂量以及药品的市场独占期限等。

FDA 通过橘皮书公布指定的参比制剂（Reference Listed Drug，RLD）和标准制剂（Reference Standard，RS）。专利挑战的标的和程序以橘皮书公布的信息为准。可见，橘皮书中记载的专利信息是仿制药企业进行专利挑战的基础。

2016 年 10 月，FDA 基于联邦贸易委员会（Federal Trade Commission，FTC）的一份报告①以及一份法院裁决②对 ANDA 的相关规则，特别是与橘皮书相关的规则进行了修订，③ 主要包括：①明确了不及时在橘皮书中登记专利的后果，即仿制药上市申请人无须就其仿制药上市申请提交后才登记在橘皮书中的专利作出声明；②简化了原料药和/或药品专利的部分专利

---

① FTC. 专利期满前仿制药的上市：FTC 研究（*Generic Drug Entry Prior to Patent Expiration*: *An FTC Study*）第 ii 条（2002 年 7 月）。该报告建议针对每个 ANDA 只允许一次 30 个月遏制期，并指出，在某些情况下，由于后续事件的发生，首仿申请人 180 天专属独占期的开始并没有因为仿制药企业与原研药企业之间达成和解协议而推迟。

② *Mylan Pharms.*，*Inc. v. Thompson*，268 F. 3d 1323（Fed. Cir. 2001），该裁决指出，在 2003 年医疗保险处方药与现代化法案（MMA）之前，仿制药申请人没有取消橘皮书中所登记的专利的司法救济途径，为此，MMA 增加了纠正橘皮书中所记载的专利信息的反诉规定。

③ FDA. 简略新药申请和 502（b）（2）申请（*Abbreviated New Drug Applications and* 505（*b*）（2）*Applications*），81 Fed. Reg. 69，580（2016 年 10 月 6 日）。

登记要求，并细化了使用方法专利的用途编号要求；③明确规定，在FDA通知ANDA申请人其仿制药上市申请已经被受理之前，不得向专利权人或NDA批件持有人送达其第Ⅳ段声明；④增加了对橘皮书中登记专利的纠正程序。

其中，FDA在2016年修订的规则中，为纠正橘皮书中登记错误或不当的专利信息提供了行政救济途径，具体规则和流程如下：任何人均可以就橘皮书中所登记的专利信息的准确性和相关性提出挑战。提出挑战者应向FDA提交陈述其争议理由的声明，FDA将向NDA批件持有人送达该声明。NDA批件持有人应在30日内确认系争信息的准确性，撤销或修订系争信息。若被挑战的专利信息与使用方法相关，则NDA批件持有人还应就其专利保护范围提交叙述性说明，对现有的或经修订的用途编号的适当性加以解释说明。若NDA批件持有人及时对争议声明进行回应，并未撤销或修订争议专利信息，FDA将不会修改或变更已经登记在橘皮书中的专利信息。仿制药上市申请应针对每一项登记在橘皮书中的专利（包括有争议的专利）分别作出适当声明，FDA将在其网站上发布专利争议的相关信息。

2. 中国上市药品目录集

（1）建立《中国上市药品目录集》

在中国实施药品专利链接制度，同样需要建立橘皮书制度，即国家药监局建立统一的《中国上市药品目录集》并定期更新，该名录应当包括化学药品名称（含通用名）、活性成分、规格、剂型、给药途径、参比制剂、标准制剂、治疗等效性评价代码、批准文号/注册证号、上市许可持有人、生产厂商、批准日期、上市状况、收录类别、专利信息、数据保护信息等，以及国务院药品监督管理部门规定的其他内容。

其中，专利信息应当包括专利号、专利类型、专利到期日、专利权状态（是否无效、失效）、专利延长保护期等内容。应该列入《中国上市药品目录集》的专利包括：药品活性成分的专利；药品产品专利，包括制剂、组合物的专利；药品使用方法的专利，包括使用方法、适应症等。药品活性成分的制造方法专利、中间体和代谢物的专利等不属于应该列入《中国上市药品目录集》的专利。数据保护信息应当包括数据保护类型、数据保护到期日等内容。

该意见指出“探索建立药品专利链接制度”，在探索中应明确以下问题：第一，探索期不宜过长，以 3 年左右为宜，过长则丧失了探索本身的意义，过短则不利于发现并评估这一制度的利弊，无法获取评估是否全面推行该制度的素材与依据。第二，探索期内，进行试点的药品类型应为化学药品。[①] 尽管在美国，生物制剂也被纳入药品专利链接的范围，但应看到，在美国药品专利链接制度实施之初，生物制剂并未纳入药品专利链接的范围，而是随着实践发展而纳入的。考虑到生物制剂所涉及的问题更加复杂，建议中国探索实行药品专利链接制度的试点应以化学药品为主。同样的，由于中药涉及的专利问题也非常复杂，在探索期内及制度试点实施之初，暂不宜纳入探索试点范畴。第三，应当明确，未记载在《中国上市药品目录集》中的药品专利不适用药品专利链接制度的探索。药品专利记载于《中国上市药品目录集》是药品专利链接和专利挑战的基础，涉及未记载于《中国上市药品目录集》的药品专利侵权，则适用一般的专利侵权救济程序及规则。

(2)《中国上市药品目录集》的出台

2017 年 12 月 28 日，CFDA 发布了关于《中国上市药品目录集》(2017 年第 172 号) 的公告，其指出，为维护公众用药权益，提高药品质量，降低用药负担，鼓励药物研发创新，CFDA 组织制定了《中国上市药品目录集》。《中国上市药品目录集》是 CFDA 发布批准上市药品信息的载体，收录药品的范围包括：基于完整规范的安全性和有效性的研究数据获得批准的原研药、改良型新药及进口原研药品；按化学药品新注册分类批准的仿制药；通过质量和疗效一致性评价的药品；以及经 CFDA 评估确定具有安

---

① 因此，书中的相关建议也仅限于“申请仿制化学药品上市许可”的行为，而不涉及“申请仿制生物药及中药上市许可”的行为。

全性和有效性的其他药品。收录药品的基本信息包括活性成分、活性成分（英文）、药品名称、药品名称（英文）、商品名、商品名（英文）、剂型、给药途径、规格、参比制剂、标准制剂、治疗等效性评价代码、解剖学治疗学及化学分类系统代码（ATC 代码）、批准文号/注册证号、上市许可持有人、生产厂商、首次批准日期、上市销售状态、收录类别和专利等。

《中国上市药品目录集》中将指定仿制药的参比制剂和标准制剂，标示可以替代原研药品的具体仿制药品种等，供制药行业和医学界人员及社会公众了解和查询。《中国上市药品目录集》在 CFDA 政府网站以网络版（数据库）形式发布，并与药品说明书、标签、审评审批信息（含审评报告、检验报告、核查报告和批件等应公开的其他信息）等数据库链接，便于公众查询。

目前发布的《中国上市药品目录集》收录了 131 个品种，203 个品种规格，其中包括通过仿制药质量和疗效一致性评价的 13 个品种，17 个品种规格。CFDA 将对新批准上市的新注册分类药品以及通过仿制药质量和疗效一致性评价的药品直接纳入《中国上市药品目录集》，实时更新，具体示例如表 3 和表 4 所示。

表 3　《中国上市药品目录集》示例①

活性成分	对于复方制剂，各活性成分以分号隔开
活性成分（英文）	
药品名称	以批准上市的证明性文件为准
药品名称（英文）	
商品名	如有
商品名（英文）	如有
剂型	以批准上市的证明性文件为准
给药途径	参照附录

① 《中国上市药品目录集》使用指南［EB/OL］. http：//202. 96. 26. 102/about/guide.

续表

规格	以批准上市的证明性文件为准
参比制剂	是/空
标准制剂	是/空
治疗等效性评价代码	AX/AB/B
ATC 代码	
批准文号/注册证号	国产药品采用批准文号；进口药品采用注册证号
首次批准日期	1. 基于完整规范的安全性和有效性的研究数据获得批准的日期； 2. 通过或视为通过质量和疗效一致性评价的首次批准日期
上市许可持有人	以批准上市的证明性文件为准
生产厂商	以批准上市的证明性文件为准
上市销售状态	上市销售中/暂停销售/撤销上市许可（因非安全有效性原因撤市）
收录类别	1. 原研药 2. 改良型新药 3. 进口原研药品 4. 按化学药品新注册分类批准的仿制药 5. 通过质量和疗效一致性评价的药品 6. 其他药品
链接—专利信息库、数据保护信息库、市场独占期信息库	
链接—说明书信息库	
链接—审评、核查、检验信息库	

表 4　专利信息的具体形式

专利信息			
批准文号/注册证号	专利号	专利到期日	专利类型

登记专利类型包括化合物专利、产品专利（包括制剂专利和组合物专利）、用途专利（保护药品适应症用途）3 类，其中，化合物专利不包括晶

型专利。

目录集中收载公示的专利均指在我国国内已获授权的专利，不包括国外专利和到期的专利等。

至此，中国已经初步建立了自己的橘皮书，为药品专利链接制度的实施提供了有利条件。

但是，关于《中国上市药品目录集》中登记的信息出现错误的更正程序，尚没有明确规定，因此，笔者建议，应明确上市许可持有人（Marketing Authorization Holder，MAH）对记载在《中国上市药品目录集》中的信息真实性、准确性承担责任。记载于《中国上市药品目录集》中的信息发生变更或修改时，MAH应在知道或应当知道发生变更之日起一定法定期限内告知国家药监局。MAH未能及时提供真实、有效信息的，自发现之日起，一定期限内不受理其所有药品注册申请；已受理的不予批准。仿制药申请人对于记载在《中国上市药品目录集》中的信息真实性、准确性存在异议，可以向国家药监局提起。经审查认为异议成立的，应及时予以更正并公示。必要时，可以会同国家知识产权局对专利信息进行核查。

三、建立“拟制侵权”制度

1. 侵犯专利权的行为与不视为侵犯专利权的行为

在专利制度下，一旦获得发明创造专利权，权利人便获得了一种市场独占权、垄断权。对于他人实施其专利的行为是否构成对专利权的侵犯应当由法律作出明确的规定。美国实施药品专利链接制度后，在专利法上有明确的依据，即美国专利法第271（e）（2）条规定，任何人在他人的药品专利保护期内向药品行政监督管理部门提出新药注册申请或者仿制药注册申请的行为，均构成侵犯专利权的行为，也就是“拟制侵权”行为。

在中国探索建立药品专利链接制度，也应当考虑建立“拟制侵权”制度。根据我国《专利法》第 11 条的规定，专利权被授予后，任何人不得为生产经营目的制造、使用、许诺销售、销售、进口其专利产品，或者使用其专利方法以及使用、许诺销售、销售、进口依照该专利方法直接获得的产品。违反该规定就应当承担《专利法》第 60 条规定的侵犯专利权的民事责任。

但建立专利制度的目的并非仅仅在于保护专利权人的利益，我国《宪法》第 51 条规定：“中华人民共和国公民在行使自由和权利的时候，不得损害国家的、社会的、集体的利益和其他公民的合法的自由和权利。”《专利法》第 1 条规定的立法目的是“保护专利权人的合法权益，鼓励发明创造，推动发明创造的应用，提高创新能力，促进科学技术进步和经济社会发展”。因此，专利制度需要兼顾专利权人的私人权利与社会公共利益之间的平衡。为此，我国《专利法》第 69 条规定了 5 种“不视为侵犯专利权”的行为，即专利权用尽、先用权、临时过境、科学目的和实验目的使用以及 Bolar 例外，旨在对专利权的行使进行必要的限制，也是对《专利法》第 11 条规定的重要补充。从构成要件上看，“不视为侵犯专利权”的行为在构成要件上满足了侵犯专利权行为的构成要件，只是法律专门作了例外的规定，因此，实施这 5 种行为，不作为侵犯专利权对待，行为实施人也无须承担侵犯专利权的法律责任。

2. 药品上市申请行为的认定存在困境

药品是一种特殊的商品，与公众的身体健康和生命安全息息相关。在对药品进行专利保护时，也应当对药品的特殊性予以考量。和大多数国家一样，我国《专利法》规定的侵犯专利权的行为只有制造、使用、许诺销售、销售和进口行为 5 种，并没有任何兜底规定。这 5 种行为适用于各个技术领域。这是专利法为了实现其鼓励发明创造，推动发明创造的应用，提高创新能力，促进科学技术进步和经济社会发展的立法目的，并考虑发明创造的完成多要基于现有技术的特点而作出的规定。这些规定同样适用于药品专利。

此外，在“不视为侵犯专利权”的行为中也规定了Bolar例外，即为提供行政审批所需要的信息，制造、使用、进口专利药品或者专利医疗器械的，以及专门为其制造、进口专利药品或者专利医疗器械的，不视为侵犯专利权。该规定旨在推动仿制药的上市，使仿制药企业能够在原研药上市前，开展相关的研发工作。但实践中，对于Bolar例外的边界存在争议，尤其体现为对于仿制药上市申请的行为，是否构成专利侵权存在争议。

3. 引进拟制侵权制度是解决困境的有效途径

（1）美国专利法中的拟制侵权制度

考虑到药品的特殊性，美国专利法第271（e）（2）条规定，药品或药品的使用受专利保护，依据联邦食品、药品与化妆品法案规定提交的ANDA，若申请人意在获得批准以便在专利到期前从事商业制造、使用或销售，则该提交ANDA的行为视为侵犯专利权。该条款通常也被称为“拟制侵权”条款。“拟制侵权”条款旨在为联邦法院管辖专利挑战相关案件提供法律基础。

拟制侵权仅仅针对仿制药上市申请行为。在涉及拟制侵权的案件中，由于仿制药往往尚未正式上市销售，不会对原研药（通常是NDA批件持有人，也包括专利权人）的市场份额和药品销售造成实际损失，因此，通常情况下，该类案件中原告所能获得的救济方式为：法院裁决批准后续产品上市的决定生效日不得早于专利保护期届满之日，换言之，法院裁决在原研药专利保护到期前，FDA不得批准涉案仿制药的上市申请。如果涉案仿制药在30个月遏制期届满前获得临时批件，或在一审胜诉后即依据FDA颁发的批件将其仿制药上市，则一旦法院认定仿制药构成侵权，法院可以禁止后续产品的商业化制造、使用、许诺销售、销售或进口；同时，在后续产品已经进行商业化制造、使用、许诺销售、销售或进口的情况下，法院可以判决其赔偿损失或给予其他金钱救济方式。此外，在特殊情况下，法院可以要求败诉方承担律师费。[①] 如果仿制药尚未上市，原告没有请求损害赔偿，而仅仅是寻求禁令救济，则其无权要求陪审团审判（jury trial），而只能由法官审判（bench trial）。[②]

实践中，在 30 个月遏制期届满后如果专利挑战案件尚未审结，仿制药企业可以获得 FDA 的临时批件，甚至是仿制药企业在专利挑战一审案件中胜诉，并取得 FDA 的永久批件，在相关裁决经二审终审确认前，[③] 仿制药企业通常倾向于不会仅基于临时批件或一审案件的审理结果就将仿制药上市。其原因在于，此时其市场的确定性尚无法得到保障，一旦后续程序结果对其不利，仿制药企业将面临高额赔偿及产品退市，这是仿制药企业所不乐见的。

（2）我国《专利法》应明确拟制侵权制度

专利挑战是药品专利链接制度的重要组成部分。依据我国现行《专利法》规定，被仿制（通常是原研药）的专利权人缺乏提起专利侵权诉讼的法律依据，即在司法领域的专利挑战程序无法启动。为落实两办《意见》的相关规定，确保药品专利链接制度能够切实有效实施，有必要对仿制药上市申请的行为作出专门规定，为被仿制专利权人提起专利侵权诉讼提供

---

① 35 U. S. C. § § 271（e）（4）& 285.

② 参见如 *In re Tech. Licensing Corp*，423 F. 3d 1286（Fed. Cir. 2005），*Novartis Pharms. Corp. v. Roxane Labs.*，*Inc.*，No. 08 - CV - 3853，2009 WL 1140440，第 1 页（D. N. J. 2009 年 4 月 28 日）（可以确定的是，仅寻求禁令救济的专利权人无权获得陪审团审判。）根据美国宪法第七修正案之规定，“在普通法的诉讼中，其争执价额超过 20 美元，由陪审团审判的权利应受到保护。由陪审团裁决的事实，合众国的任何法院除非按照普通法规则，不得重新审查。”因此，如果不涉及损害赔偿而仅仅是寻求禁令救济的案件，当事人无权要求陪审团审理并作出裁决，而只能由法官审理并作出裁决。

③ 在美国，联邦法院和大多数州的法院系统都采用“三级模式”，“三级模式”并不等于“三审终审制”。实际上，联邦法院和大多数州采用的是“两审终审制”，即诉讼当事人一审败诉后只有权提起一次上诉。从理论上讲，当事人在一审之后可能还有两次甚至三次上诉的机会。但是，请求上诉法院再审是当事人的权利，请求联邦最高法院再审就不是当事人的权利，而是联邦最高法院的权力了。“权利”与“权力”，虽仅一字之差，但意义相去甚远。在前一种情况下，法院必须受理当事人的上诉；在后一种情况下，法院没有受理的义务，只有当法院认为必要时才受理。当事人若想获得后一种上诉，必须得到法院的“上诉许可令”（Leave to Appeal）或者“调卷令”（Writ of Certiorari）。参见“美国终审制度［EB/OL］.［2018-04-10］. http：//www. chineseinla. com/kw/id _ 477/keyid _ 2050551. html.

法律依据。因此，有必要对拟制侵权作出明确规定，即在《专利法》中规定，“任何人在他人的化学药品相关发明专利保护期内向国家药监局提出仿制药上市申请的行为，视为侵犯专利权。”

需要明确的是，该条规定的“视为侵犯专利权”与《专利法》规定的5种专利侵权行为在性质上存在差异。《专利法》规定的一般专利侵权行为系针对一般专利产品，其法律责任主要包括停止侵权和损害赔偿；而拟制侵权仅适用于仿制药上市申请过程中的专利挑战案件，特别针对的是化学药品相关的发明专利。由于药品的特殊性，未经国家药监局批准，仿制药是不可能上市的，因此，就其法律责任而言，也仅仅是停止侵权（即国家药监局对仿制药的上市申请不予批准，直至相关专利无效或失效，或国家药监局批准仿制药上市的日期晚于相关专利无效或失效日），通常情况下不涉及损害赔偿等其他侵权责任。

如前所述，引入拟制侵权制度是目前解决启动专利挑战法律基础的最直接、最有效的方式。目前，我国正在进行《专利法》第四次修改。如果能在第四次修法过程中增加类似拟制侵权条款，则可为落实两办《意见》中关于“探索药品专利链接制度”奠定法律基础。

4. 其他解决方案

鉴于我国是成文法国家，制定规则需要考虑法律体系的完整性和系统性。在一部本应适用于各个技术领域的专利法中，专门为药品专利制定特殊规则可能破坏专利法本身的系统性和普适性；此外，我国《专利法》第四次修改工作早已启动多年，目前修改稿已经报送国务院法制办，有一种观点认为，在专利法中规定拟制侵权的内容，并非多数实行专利制度国家的通常做法，中国对此问题的论证尚不成熟，且时间较紧，不宜在《专利法》第四次修改中仓促增加此内容。针对这种情况，两办《意见》又必须落实，笔者认为，在无法引入类似拟制侵权制度的情况下，可以考虑通过以下方案之一予以解决：

第一，扩大对“制造行为”的立法解释，即将仿制药上市申请行为视为“研制”行为，纳入“制造行为”的范围。概言之，在药品领域，仿制药企业进行研究实验旨在验证、改进他人或者专利权的药品，可以适用科学目的和实验目的使用专利的例外，不视为侵犯专利权；如果仿制药企业研究试验旨在获取仿制药获得行政审批所需的信息，可以适用 Bolar 例外的规定，不视为侵犯专利权；仿制药企业依据药品行政管理法律的相关规定和程序，提交上市申请的行为，其目的旨在获得行政审批后，可以生产、销售仿制药，该行为属于“制造”行为，药品专利权人可以据以提起专利侵权诉讼，要求法院判决专利到期后才能批准该上市申请。

第二，对 Bolar 例外条款进行修正，增加但书规定，“药品上市申报行为除外”，即根据专利法的规定，为提供行政审批所需要的信息，制造、使用、进口专利药品或者专利医疗器械的，以及专门为其制造、进口专利药品或者专利医疗器械的，不视为侵犯专利权，但是，为药品或医疗器械上市进行注册申报的，不属于前述不视为侵犯专利权的行为。药品或医疗器械的专利权人认为该申报审批中的药品或医疗器械侵犯其专利权的，可以提起专利侵权诉讼。

无论是在《专利法》中规定“拟制侵权”，还是对“制造行为”进行扩大解释，将申报行为解释为“研制”，纳入“制造行为”范围，或者是对 Bolar 例外条款增加但书规定，实际上都是为药品专利权人提起专利侵权诉讼，以及法院管辖相关案件提供法律基础。事实上，由于仅仅提交上市申请，即申报行为，并非真正实施了制造、销售行为，也不会给专利权人造成实际损害，因此，无论是选择何种方案，药品专利权人实际上都无法主张损害赔偿，这与美国《专利法》中拟制侵权的法律后果是殊途同归的。

第三，除了借助于法律修改，为药品专利权人提起专利侵权诉讼和法院管辖案件提供法律基础外，还可以考虑在不修改《专利法》的情况下，通过中国实践中常用的司法解释，扩大请求确认不侵权之诉的适用范围，即在司法解释中明确，仿制药上市申请人提起仿制药上市申请，并通知专利权人或上市许可人后，如果专利权人或上市许可人未能在法定期限内提起诉讼，则仿制药上市申请人可以向法院提起请求确认不侵权之诉，国家药监局可以根据请求确认不侵权之诉的结果，决定是否批准仿制药上市申请人的上市申请。当然，由于《专利法》中没有拟制侵权的规定，请求确认不侵权之诉是否具有法律依据还值得商榷，因此，如果适用，仍需要其他解决方案的配合。

第 12 章　中国药品专利链接制度之构建

药品专利链接制度中最主要的程序规则是围绕专利挑战进行的，因此，应当作出明确、细化、可操作的规定。

一、声明及处理

仿制药企业申请仿制药生产，应当将记载于《中国上市药品目录集》中的药品作为仿制参比药品。仿制药品应当具有与参比药品相同的活性成分、剂型、规格、适应症、给药途径、用法用量和生物等效性。仿制药申请人在申报仿制的同时，应当向国家药监局提交与仿制参比药品专利权相关的声明。声明可分为以下 4 种情形：

（1）声明被仿制药品不具有专利权。引发该声明的原因可能是原研药企业向国家药监局进行新药申请时，并没有提交需要登记在《中国上市药品目录集》上的覆盖该新药的药品或使用方法专利信息，或者曾经登记在《中国上市药品目录集》上的专利信息由于超过专利期和市场独占期的药品，而被国家药监局从《中国上市药品目录集》中删除。

（2）声明被仿制药品具有专利权，但是，专利权已经失效。既包括相关专利已经超过专利期和市场独占期，但由于更新周期等原因尚未被从

《中国上市药品目录集》中删除的情形，也包括相关专利被无效或者由于未能按时缴费等原因导致效力终止的情形。后一种情形是由于各机构之间的分工所导致的，在药品专利链接制度下，要求国家药监局随时与国家知识产权局核实相关专利的效力及状态并不现实，因此，若专利权人没有主动告知国家药监局，国家药监局也无从知晓相关专利状态的变化，因此，在《中国上市药品目录集》中，这些已经过期或终止的专利依旧存在。

（3）声明被仿制药品具有专利权，但是，申请人承诺在该专利权有效期内不要求国家药监局批准该药品的仿制生产。这表明仿制药申请人承认该注册申请涉及某项专利，并认可该专利的效力以及其所生产的仿制药落入该专利的保护范围，因此，仿制药申请人同时承诺在专利到期前不生产该药品。

（4）声明被仿制药品的专利权无效，或者仿制该药品不构成侵犯专利权。该声明表明仿制药申请人希望在《中国上市药品目录集》所载相关药物的专利到期前生产、销售相关药物。

参比药品涉及多项发明专利的，仿制药申请人应分别就每项发明专利作出声明。

如果在仿制药申请人向国家药监局提交仿制药上市申请之日后才列入《中国上市药品目录集》的专利，仿制药申请人无须就该专利作出声明。

仿制药申请人可随时变更其声明内容。例如，在专利挑战失败后，从第 4 种声明变更为第 3 种声明，或者在专利无效、终止或到期后，由第 3 种或第 4 种声明变更为第 2 种声明。

仿制药申请人向国家药监局提交与仿制参比药品专利权相关的第 1 种声明和第 2 种声明的，国家药监局可批准药品生产。仿制药申请人向国家药监局提交与仿制参比药品专利权相关的第 3 种声明的，国家药监局应当在专利权到期之后批准药品生产。

二、通知专利权人和/或上市许可人（即上市批件持有人）

仿制药申请人向国家药监局提交与仿制参比药品专利权相关的第 4 种声明，应当自其申请被受理之日起法定期限内将有关情况通知被仿制药品的专利权人和/或上市许可人，并将相关通知告知国家药监局。

美国药品专利链接制度实施之初，并没有关于对仿制药上市申请进行初步审查并确定受理的明确规定，也没有关于仿制药上市申请人应当在收到 FDA 受理其仿制药上市申请后 20 日内通知专利权人和/或原研药企业已提交带有第Ⅳ段声明的申请的要求。[①] 该规定是 2003 年医疗保险处方药与现代化法案（MMA）的新增内容，明确仿制药申请应在收到 FDA 受理审查通知后才能通知专利权人和/或原研药企业，旨在避免形式上不合格的仿制药上市申请引发专利挑战程序造成的资源浪费和诉累。根据规定，FDA 初步审查决定是否受理仿制药上市申请的期限为 60 日，而在实践中，这个期限为 40 日左右。而仿制药申请人由于已经经过了较长时间的准备，通常会在收到 FDA 的受理通知后，尽快通知专利权人和/或原研药企业。

笔者建议，在中国探索构建药品专利链接制度时，也应明确在国家药监局对仿制药申请人提交的申请进行初步审查，只有相关申请达到受理标准且国家药监局决定受理后，才能允许仿制药申请人通知专利权人和/或上市许可人。鉴于仿制药申请人在提交附带与仿制参比药品专利权相关的第 4 种声明的申请时，已经对参比药品相关专利及其权利人和/或上市许可人进行了充分研究，因此，关于仿制药申请人通知专利权人和/或上市许可人

---

① 21 U. S. C. §355（b）（3）（B）（i）&（j）（2）（B）（ii）（I）. 美国法典可参阅 http：//uscode. house. gov/。

的最后期限不必太长，以加速推进专利挑战程序的进程。

出现多个仿制药申请人向国家药监局对同一个化学药品提起仿制药申请的，申请达到标准的递交日最早的一个或多个仿制药申请人将被视为第一专利挑战人或共同第一专利挑战人。

三、被仿制药品的专利权人和/或上市许可人提起专利侵权诉讼

在美国药品专利链接制度中，明确被仿制药品的专利权人和/或 NDA 批件持有人收到通知的时间具有非常重要的意义，它既是计算专利权人和/或 NDA 批件持有人向法院提起专利侵权诉讼的时间起点，即专利权人和/或 NDA 批件持有人应在收到仿制药上市申请人的通知后 45 日内向法院提起专利侵权诉讼，以取得 30 个月的遏制期，也是计算 30 个月遏制期的时间起点。换言之，30 个月的遏制期包含了专利权人和/或 NDA 批件持有人准备起诉的 45 日在内。如前所述，根据法律规定，对第Ⅳ段声明而提起专利诉讼的相关信息（包括其送达通知的时间及专利权人和/或 NDA 批件持有人提起诉讼的时间等相关时间节点信息），应由仿制药上市申请人负责告知 FDA（专利权人和/或 NDA 批件持有人也可能将相关信息通知 FDA）。FDA 在收到通知后，一经确定专利权人和/或 NDA 批件持有人提起诉讼的时间符合法律规定的时限要求，即可启动相关遏制期的计算。

如果有多个仿制药上市申请人，则自各个仿制药上市申请人通知专利权人和/或 NDA 批件持有人其含有第Ⅳ段声明的仿制药上市申请之日起，45 日提起专利侵权诉讼的期限分别计算，这与每种药品在通常情况下仅能享有一次 30 个月遏制期存在区别。

需要特别指出的是，美国并没有类似于我国专利司法实践中有关请求确认不侵权之诉的相关规定。事实上，美国专利法也不允许提起请求确认不侵权之诉。但是，在药品专利链接制度框架下，MMA 特别规定，若专利权人和/或 NDA 批件持有人未能在 45 日内提起专利侵权诉讼，以应对仿制药上市申请人的第Ⅳ段声明，则授权仿制药上市申请人可以根据美国法典第 28 篇“司法机构与司法程序法”第 2201 条的相关规定，提起确认之诉。相关诉讼应符合联邦食品、药品和化妆品法案第 505 条或第 512 条，或公共健康服务法（the Public Health Service Act）第 351 条关于提起与药品专利相关的诉讼的限制条件。[①] 一旦仿制药上市申请人提起确认不侵权或专利无效或专利不可实施之诉，专利权人和/或 NDA 批件持有人应予应诉，否则法院有权作出缺席判决。

尽管法律上赋予了仿制药上市申请人提起确认之诉的权利，但在美国，自从 2003 年该规定发布至今，没有任何一起仿制药上市申请人提起的确认之诉案件，绝大多数原研药企业都会在 45 日内提起专利侵权纠纷。究其原因，一方面，原研药企业可以借助于 30 个月的遏制期继续独占市场，获取巨额收益。尽管涉及药品专利的侵权纠纷案件的损害赔偿往往数额巨大，但对于原研药企业而言，独占市场所能获取的收益是其更为看中的，因此，其通常不可能放弃 30 个月的遏制期。另一方面，如果原研药企业不提起专利侵权诉讼，在仿制药企业看来，意味着原研药企业对仿制药企业所挑战的专利缺乏信心，这无疑坚定了仿制药企业专利挑战的信心和决定，这也是原研药企业所不乐见的。

作为专利挑战的起点，中国药品专利链接制度也应对被仿制药品的专利权人和/或上市许可人提起专利侵权诉讼的程序和时限作出明确规定，即被仿制药品的专利权人和/或上市许可人收到通知后，认为仿制药申请人可

① 21 U. S. C. § 355 (c) (3) (D) (i) & (j) (C) (i); 35 U. S. C. § 271 (e) (5).

能侵犯其专利权的，可以自收到通知之日起法定期限内向国家药监局所在地的知识产权法院提起专利侵权诉讼。

对于未能在法定期限内提起专利侵权诉讼的，一方面，应明确若被仿制药品的专利权人和/或上市许可人未能在法定期限内提起专利侵权诉讼，则其将丧失获得批准等待期的权利，一旦国家药监局完成对仿制药生物等效性的技术审评，就可以批准其上市；另一方面，为了让仿制药申请人对于市场确定性有准确预期，可以借鉴美国确认之诉的相关规定，赋予仿制药申请人提起请求确认不侵权之诉的权利。在美国的制度规则中，允许仿制药上市申请人就专利无效、不可实施或不侵权提起确认之诉，这与我国现有的确认不侵权之诉存在差异。因此，有鉴于在药品专利链接制度框架下的请求确认不侵权与一般知识产权案件中的请求确认不侵权在起诉条件、诉由、审理程序上的不同，有必要在中国现有的请求确认不侵权制度框架下，明确和细化在专利挑战程序中，仿制药申请人向法院提起确认不侵权之诉的具体规则，包括提起诉讼的条件、涉及请求确认专利无效诉由的管辖、相关审理程序等。

至于专利权人和/或上市许可人提起专利侵权诉讼时限的确定，从美国经验来看，美国药品链接制度给予专利权人和/或 NDA 批件持有人提起诉讼的期限为 45 日，这实际上是原研药企业和仿制药企业利益平衡的结果[①]。尽管该期限的设置需要考虑原研药企业应诉准备所需的时间（毕竟仿制药企业有机会提前很长时间进行相应准备），但在美国业界看来，该期限并非原研药企业最为关注的期限，为了确保遏制期的启动，无论期限为何，绝大多数仿制药企业都会在法定期限内提起专利侵权诉讼。

---

① 在确定该期限时，原研药企业希望该期限尽可能长，并提出了应将期限设为 60 日，而仿制药企业希望该期限尽可能短，并提出应将期限设为 30 日。最终的规则是平衡双方的要求。

四、批准等待期

如前所述，在美国药品专利链接的实践中，绝大多数原研药企业都会在 45 日内提起诉讼，以确保能够获得 30 个月的遏制期，维持其在市场上的独占地位，并据以继续获取收益。30 个月遏制期自仿制药上市申请人通知专利权人和/或 NDA 批件持有人其已向 FDA 提交含有第Ⅳ段声明的仿制药上市申请起计算。除特殊情况外，每种被仿制药品的遏制期只适用一次。

30 个月遏制期主要是基于美国法院完成专利挑战案件一审审理所需的平均时间而确定的。实践中，绝大多数案件能够在 30 个月内完成一审案件的审理。即使仿制药上市申请人同时启动了在 PTAB 的 IPR 程序，根据 IPR 程序的相关规定，IPR 程序应在 18 个月内审结，而当事人对于 IPR 程序的结果不服，可以上诉到联邦巡回上诉法院（the United States Court of Appeals for the Federal Circuit，CAFC），CAFC 审理该类上诉案件的期限为 12 个月。可见，即使是通过 IPR 程序挑战专利，法律规定的完成司法复审所需的总体时间也为 30 个月。实践证明，30 个月审限为 FDA 在最终批准仿制药上市申请前解决专利纠纷提供了充分的时间。[①]

但是，30 个月的遏制期并非一成不变。在某些情况下，30 个月遏制期将被缩短或延长，这些情况主要包括：

（1）如果专利诉讼针对的是在新化学实体（New Chemical Entity，NCE）5 年数据独占期最后一年内提交的、含有第Ⅳ段声明的仿制药上市申请，则 30 个月遏制期将予以延长，以符合自原研药获批之日起 7 年半的

---

① 在立法过程中，暂不予批准期从 18 个月延长至 30 个月，以“提高该专利诉讼在仿制药企业开始上市前结束的可能性。”国会记录 H9114 第 130 页（每日更新，1984 年 9 月 6 日）（Waxman 议员声明）。

时间要求。[①] 实践中，如果仿制药上市申请人在 NCE 数据独占期第 4 年届满之日就提起含有第Ⅳ段声明的仿制药上市申请（为取得首仿药的独占期，仿制药上市申请人往往会在第一时间提交仿制药上市申请），则该 30 个月遏制期最长将延长至 42 个月。

（2）如果法院在 30 个月之内就专利无效、专利不可实施或不侵犯专利权作出一审裁决，则 30 个月遏制期可能提前届满。[②] 如前所述，由于仅是一审裁决，绝大多数仿制药企业即使胜诉并且取得了 FDA 的上市批准，也倾向于在上诉裁决作出前，不将其产品上市销售，以免带来更大的侵权风险。

（3）如果任何一方因各种原因未能合理配合加快诉讼，法院可延长或缩短暂遏制期。[③]

（4）专利权人或独占被许可人可于遏制期届满前同意批准仿制药上市申请。[④]

2003 年对 Hatch-Waxman 法案修改前，由于法律缺乏明确的禁止性规定，导致一种药品出现多个遏制期。原研药企业滥用遏制期导致仿制药的上市延迟。2003 年 MMA 对 Hatch-Waxman 法案的相关规则进行修订后，产生多个遏制期的情况已经非常罕见。是否产生多个遏制期是由仿制药上市申请人的行为决定的，而非由专利权人和/或 NDA 批件持有人的行为决定的。例如，仿制药上市申请人最初就一项专利提交第Ⅳ段声明（引发首个 30 月遏制期），并就另一项专利提交第Ⅲ段声明[⑤]；随后，仿制药上市申请人将第Ⅲ段声明修改为第Ⅳ段声明，则会出现后续的 30 月遏制期。[⑥] 又如，

---

① 21 U. S. C. § 355 (c) (3) (E) (ii) & (j) (5) (F) (ii).

② 21 U. S. C. §355 (c) (3) (C) & (j) (5) (B) (iii); 21 C. F. R. § 314. 107 (b) (3), FDA 法规可参阅 https: //www. ecfr. gov。

③ 21 U. S. C. § 355 (c) (3) (C) & (j) (5) (B) (iii).

④ 21 C. F. R. § 314. 107 (b) (3) (vi).

⑤ 21 U. S. C. §355 (b) (2) (A) (iii) & (j) (2) (A) (vii) (Ⅲ)。FDA 可能不会在声明载明的日期之前最终批准含有第Ⅲ段声明的仿制药上市申请。21 U. S. C. §355 (c) (3) (B) & (j) (5) (B) (ii)。

⑥ FDA. 简易新药申请和 505 (b) (2) 申请，80 Fed. Reg. 6802，6862（2015 年 2 月 6 日提出）。

只要在最初提交仿制药上市申请前相关专利已被登记于橘皮书中，则对仿制药作出的变更导致 ANDA 及其所含的第Ⅳ段声明的修改也可能引发后续的 30 月遏制期。①

如前所述，即使在 30 个月遏制期内仿制药上市申请人在专利挑战的一审程序中胜诉，或者在 30 个月遏制期届满后，相关一审案件尚未审结，FDA 向完成技术审评审批的仿制药上市申请人颁发临时批件，绝大多数仿制药上市申请人在二审尚未审结时，基于对上市风险、市场稳定性和商业确定性的考量，也不会冒险上市。

此外，实践表明，尽管 30 个月遏制期为 FDA 在最终批准仿制药上市前解决专利纠纷提供了充分时间，但在此期间，FDA 并不停止对仿制药上市申请的技术审评。仿制药上市申请是否最终获批还取决于仿制药上市申请是否满足 FDA 的审批条件。换言之，即使 30 个月遏制期源于不当登记的专利，如果遏制期届满或终止（或专利保护期届满）时，仿制药上市申请仍无法满足 FDA 的审批条件，仿制药上市申请依旧无法获得批准。在这种情况下，30 个月遏制期对于 FDA 的审批并不会产生延迟或遏制的效果。实践中，提交 ANDA 申请以供审批的时间可能长于 30 个月，且绝大部分 ANDA 需要经历多轮审批方可获得临时或最终批准。2015～2017 年，首轮审批比例从 10.7% 增加到 14.3%。② FDA 药物评价和研究中心主任在其向国会所作的报告陈述称："以往记录表明，由于仿制药申请人提交完整申请中存在的瑕疵，导致平均需要经历四轮审批方能批准 ANDA。"③

关于批准等待期的相关规定，借鉴美国的实践经验，笔者建议：

---

① FDA. 简易新药申请和 505（b）（2）申请，81 Fed. Reg. 69，580，69，616（2016 年 10 月 6 日提出）。

② Kathleen Uhl. OGD 报告：关于 GDUFA II［EB/OL］.［2017-11-06］. https：//www.fda.gov/downloads/AboutFDA/CentersOffices/OfficeofMedicalProductsandTobacco/CDER/UCM583965.pdf.

③ Janet Woodcock：就仿制药使用者付费法再授权（*Generic Drug User Fee Act Reauthorization*，*GDUFA II*），生物类似药使用者付费法再授权（*Biosimilar User Fee Act Reauthorization*，*BsUFA II*）向美国众议院能源和商务委员会卫生小组委员会所作的陈述（2017 年 3 月 2 日）（Woodcock 陈述）［EB/OL］.［2017-11-06］. https：//www.fda.gov/NewsEvents/Testimony/ucm548273.htm.

（1）被仿制药品的专利权人或上市许可人向法院提起专利侵权诉讼并被受理的，应当自受理之日起一定时期内（如 20 日），将法院决定受理案件的通知书副本提交给国家药监局。

（2）国家药监局收到提起专利侵权诉讼立案的相关证明文件后，应当设立一定时期的批准等待期（如 24 个月）；在此期间，国家药监局不停止相关药品的技术审评工作。

（3）在批准等待期内受理法院没有作出生效侵权判决的，国家药监局可以批准药品生产；作出侵权或不侵权生效判决的，国家药监局应当根据法院的生效判决不批准或批准药品生产。

（4）药品专利侵权责任风险应当由药品申请人承担。

除另有规定外，对于任何一种仿制药的上市申请，该批准等待期仅适用一次。

仿制药申请人需要仿制的参比药品在数据保护期内的，若其向国家药监局提交与仿制参比药品专利权相关的第 4 种声明，可以在被仿制药品数据保护期届满前 12 个月，申报仿制。

前述情形下，批准等待期自专利侵权诉讼立案之日起计算。

在确定批准等待期时限时，应当考虑基于专利无效提起的专利挑战纠纷所适用的程序，即是否由专利复审委员会作为第一审程序，是否在此类案件中赋予后续的司法程序以司法变更权。

上述建议与美国药品专利链接制度的规定存在一定差异，主要表现在：第一，考虑到中国民事诉讼法和行政诉讼法对于审限的规定，我们建议批准等待期中的判决应为终审判决（即经过两审后作出的判决，如涉及专利无效，则可能需要考虑经三轮审理后作出的判决），而美国 30 个月遏制期内的判决为一审判决（在 IPR 程序中，为两审判决）。第二，批准等待期自专利侵权诉讼（或请求确认不侵权诉讼）立案之日起计算，这与美国 30 个月遏制期与 45 天起诉期限同时起算亦有所区别。笔者认为，虽然这样的规定似乎变相延长了专利权人和/或上市许可人的依法应享有的批准等待期，但其延长仍在一个可以控制并确认的范围之内。中国的国情与美国不同，美国药品专利链接制度实施过程中，各部门之间的信息沟通需要依赖于当事人，特别是要由仿制药上市许可人将相关信息通知相关机构及专利权人和/或 NDA 批件持有人。在中国探索实施药品专利链接制度，可能还需要依赖相关机构之间的直接沟通，相关时间节点的确定也有赖于相关机构的官方确认。

五、专利挑战成功的认定

数据显示，在美国药品专利链接实践中，与其他专利诉讼一样，有超过半数的案件是和解结案的。根据对 2009～2017 年第一季度受理和审结的 2017 件 ANDA 案件结果的统计，原告（即专利权人和/或 NDA 批件持有人）胜诉的案件占 15.9%；被告（即仿制药上市申请人）胜诉的案件占 4.1%；双方和解的案件占 56.5%；另有 23.5% 的案件仍处于诉讼程序中。相对于同期的其他专利诉讼，在 ANDA 案件中，原告、被告的胜诉案件所占比例均高于其他专利诉讼，而和解案件的比例则要低于其他专利诉讼。[①]

和解结案的诉讼中没有胜诉方和败诉方之分。根据相关规定，如果在 ANDA 诉讼中达成和解协议，相关协议还应提交给 FTC 进行反垄断审查。经确认后，和解协议中确定的专利权人和/或 NDA 批件持有人允许仿制药上市的时间，即为首仿药 180 天市场独占期的起算时间。仿制药上市申请人应将该时间通知 FDA。

结合我国国情，就专利挑战成功的认定，笔者认为，专利挑战案件中，以下情形视为专利挑战成功：

---

① 参见 Lex Machina. 2017 年度 Hatch-Waxman/ANDA 诉讼报告.

（1）仿制药申请人在二审法院获得胜诉生效判决；或

（2）专利权人撤诉。

仿制药申请人应当自专利挑战成功之日起一定时期内，及时将法院生效判决、撤诉通知书副本提交给国家药监局。

仿制药申请人与专利权人或上市许可人达成和解或调解协议的，不视为仿制药申请人挑战成功。但仿制药申请人和/或上市许可人（或专利权人）应将和解协议提交给国家市场监督管理总局负责反垄断审查的部门进行反垄断审查。协议经审查确认有效后，仿制药申请人和/或上市许可人（或专利权人）应将协议中确定的允许仿制药上市的时间及时通知国家药监局。

六、首仿药的市场独占期

美国药品专利链接制度给予首仿药180天的市场独占期，旨在鼓励仿制药企业挑战原研药品的专利，以期在专利期满前取得ANDA的最终批准。[①] 独占期长度的设计旨在避免不当地限制来自其他仿制药厂的竞争。

美国药品专利链接制度中关于首个仿制药上市申请人（以下称为“第一申请人”）的界定及其市场独占期计算方式，随着实践不断进行调整。在Hatch-Waxman法案的最初规定中，只有首个成功挑战专利的仿制药上市申请人才有权利享有180天的市场独占期[②]，且市场独占期自仿制药上市的第一天或者法院胜诉的当天（按最早的时间）起算。随后，一份联邦法院的判决认为，“FDA将成功辩护要求作为第一申请人行使180天独占期权

---

① 美国联邦最高法院认为，“可证明180天独占期极具价值，有可能价值数亿美元。” *FTC v. Actavis*, *Inc.*, 570 U. S. 136, 144（2013）。

② 参见21 C. F. R. § 314.107（c）（1）（1997）.

利的先决条件超出了其法定权限……因为该要求不符合法律条文和结构，且维护法规的基本职能或国会立法目的亦无法为这种要求的正当性提供支持。”① 此后，第一申请人是指向 FDA 提交与药品相关的 ANDA 首日，提交了含有第Ⅳ段声明的基本完整的 ANDA 申请人，且该申请人必须合法保留该声明。② 如果有多个 ANDA 申请人均符合上述定义，则该多个 ANDA 申请人将均视为第一申请人而共享 180 天的市场独占期。③ 180 天独占期始于任何第一申请人仿制药上市第一天或其仿制药获得上市授权之日。④ 概言之，修改后的第一申请人的认定删除了应“成功挑战”的要求，关于法院胜诉之日也不再作为市场独占期的起算点。

在 180 天市场独占期内，FDA 不再批准其他申请人就同一仿制药的上市申请。该 180 天市场独占期一经触发，将连续计算，不因任何事由而中止或中断。换言之，存在多个符合条件的第一申请人情况下，如果其中一个第一申请人通知了 FDA 其药品上市时间，则 180 天市场独占期自该上市时间起计算。第二家共享市场独占期的仿制药企业在第一家仿制药企业通知 FDA 其药品上市时间后第 91 日其仿制药才上市，则其享有的市场独占期为剩余的 90 日。第三家共享市场独占期的仿制药企业在第一家仿制药企业通知 FDA 其药品上市时间后第 179 日其仿制药才上市，则其享有市场独占期的时间仅有 1 天。

为了加速仿制药的上市，依据 MMA 的规定，如果第一个提出 ANDA 的申请人在获得审批之日起 75 日内或者提出 ANDA 后 30 个月内未将该仿制药品投入市场，那么其 180 天的市场独占期将被剥夺。但上述规定不适用于仿制药上市申请人与专利权人和/或 NDA 批件持有人达成和解协议，

---

① *Mova Pharm. Corp. v. Shalala*, 140 F. 3d 1060, 1076 (D. C. Cir. 1998).

② 21 U. S. C. §355 (j) (5) (B) (iv) (II) (bb).

③ 参见 FDA 的行业指南草案《180 天专属期：问答》第 4 页，“如果第一天提交了一份 ANDA，则仅有一位第一申请人；如果第一天提交了两个或两个以上的 ANDA，则 ANDA 申请人共享第一申请人身份。”

④ 21 U. S. C. §355 (j) (5) (B) (iv) (I).

确定仿制药授权上市时间的情形。在这种情况下，180 天市场独占期自和解协议约定的仿制药获得授权上市的时间开始计算。

与美国制度不同，加拿大药品专利链接制度中，并没有关于首仿药市场独占期的规定。加拿大实施药品价格管制，并试图通过国家定价的方式鼓励仿制药挑战原研药品的专利，即首个上市的仿制药，其价格为原研药的75%，第二个上市的仿制药，其价格为原研药的50%，之后上市的仿制药，其价格为原研药的25%。

结合美国与加拿大的实践，并考虑我国现行的医保制度，笔者建议，如果赋予首仿药一定期限的市场独占期，应当作出以下规定：

（1）首个提交带有第 4 种声明的首个仿制药申请的申请人，国家药监局可以在该仿制药获批上市之日，或和解协议载明的仿制药授权上市之日起，一定时期内（如 24 个月）不再批准相同品种的仿制药上市申请。

（2）市场独占期自起算之日起，不中止或中断计算。

（3）存在多个符合条件的首个仿制药申请的申请人的，市场独占期由该多个申请人共享。

七、专利挑战程序中的通知与衔接

如前所述，美国药品专利链接制度中，FDA、USPTO 与法院之间并没有基于药品专利链接制度产生沟通与协调。相关信息在各部门以及当事人之间的通知与沟通，主要由仿制药上市申请人完成，包括但不限于，仿制药上市申请人在收到 FDA 受理其提交的含有第Ⅳ段声明的 ANDA 之后，应通知专利权人和/或 NDA 持有人其 ANDA 申请的内容，并将该通知送达时间告知 FDA，以便确定 45 天诉讼期限及 30 个月遏制期的起算点；在专利权人和/或 NDA 持有人提起专利侵权诉讼后，仍应由仿制药上市申请人将诉讼文本提交给 FDA，以便 FDA 确认启动遏制期的计算；诉讼结果或双方达成和解协议的结果，也由仿制药上市申请人通知 FDA；仿制药上市申请人仿制药上市时间或协议中约定的仿制药授权上市时间亦由仿制药上市申请人通知 FDA。这种制度安排部分归咎于美国公众对美国政府机构效率的不信任，且美国社会诚信体系相对完善。

目前，我国社会诚信体系尚不完善，政府机构的公信力及效率则更有保证，因此，在我国探索实施药品专利链接制度时，各机构及当事人之间的信息沟通可能更应依赖政府机构的权威，相关时间节点也应以相关政府机构文书上所登载的时间予以确定。例如，仿制药申请的申请人达到标准的申请被国家药监局受理后，可以考虑双重通知机制，即仿制药申请的申请人和国家药监局分别向专利权人和/或上市许可人送达通知，以送达时间较早者计算提起诉讼的起算节点。在立案后，以法院的立案时间作为遏制期的起算点，并可以考虑由法院通知国家药监局或由当事人通知国家药监局。市场独占期的起算点为仿制药获批上市的时间或经反垄断审查的和解协议载明的授权上市时间等。

可以预见，我国实施药品专利链接制度过程中，相关机构的参与程度及发挥的作用将比美国更积极，这也是我国的国情所决定的。当然，无论何种规定，都应该通过相关法律法规、操作流程以及司法解释或司法性文件予以明确，保证相关规则的透明度及可操作性。

第 13 章　专利挑战的相关程序规则

一、药品专利链接制度下各部门的职能及其变化

药品专利链接制度实施过程中主要涉及三个机构，药品监督管理机构、专利审查授权机构及法院。

1. 美国药品专利链接制度下各机构的职能及其变化

30 多年来，在美国药品专利链接制度实施过程中，FDA、USPTO 以及法院的职责范围和内容没有明显变化。药品专利链接制度的实施并不依赖于 FDA 与 USPTO 之间或 FDA 与法院之间关于未决仿制药上市申请的沟通。事实上，在药品专利链接制度框架内，上述三个机构之间并不会发生任何直接沟通。

（1）FDA

为了保障药品专利链接制度的顺利实施，FDA 就专利信息的登记、专利声明的提交、第Ⅳ段声明的通知及 FDA 对仿制药上市申请的审批时限制定了多项法规[①]，并在橘皮书中增加了专利登记信息。

---

① 参见 21 C. F. R. § § 314. 50 （h） & （i）, 314. 52, 314. 53, 314. 54 （a） （1） （v） – （vi）, 314. 60 （f）, 314. 94 （a） （12）, 314. 95, 314. 96 （d） 及 314. 107。

在药品专利链接制度的实施过程中，FDA 仍然主要负责药品安全性、有效性的监督管理工作，不具备专利行政执法职能，更不具备专利无效或专利侵权判决和裁决的管辖权。

就为药品专利链接制度而配备的人员而言，FDA 大约有 8 人负责橘皮书的更新与维护，另有 5 人负责确保 FDA 对于 ANDA 的审批时间符合药品专利链接制度相关法律的规定。事实上，Hatch-Waxman 法案在美国成功实施的效果之一——美国仿制药产业的快速发展（部分归因于药品专利链接制度的实施）——对 FDA 产生的最主要影响是 FDA 的仿制药办公室（Office of Generic Drugs，OGD）规模的急剧扩大。在 2012 年，仿制药使用者付费法再授权（Generic Drug User Fee Act Reauthorization，GDUFA II）和生物仿制药使用者付费法再授权（Biosimilar User Fee Act Reauthorization，BsUFA II）通过后，2012～2016 年，OGD 新增了 1000 多名工作人员[①]，这些人员主要负责药品审批，与药品专利链接制度的实施本身并无关联。

实践中，FDA 并不会就橘皮书所载专利的准确性及效力，专利权人和仿制药申请人的通知、声明的准确性主动向 USPTO 或者法院进行核实，FDA 仅仅依据法律设定的流程，履行其职责。依照 FDA 的相关规定，应对第 IV 段声明提起专利诉讼的相关信息，应由仿制药上市申请人负责通知 FDA（专利权人或原研药批件持有人也可能将相关信息通知 FDA），并负责向 FDA 递送法院相关命令的副本。

（2）USPTO

USPTO 主要负责专利有效性等问题的审查，并不参与药品专利链接制度的管理。目前，其也并未就此职能新增或配备任何人力。USPTO 既不负责仿制药上市申请的审批，也不会就专利登记信息的适当性向 FDA 提供任何意见。

---

① Janet Woodcock 就仿制药使用者付费法再授权（Generic Drug User Fee Act Reauthorization，GDUFA II），生物类似药使用者付费法再授权（Biosimilar User Fee Act Reauthorization，BsUFA II）向美国众议院能源和商务委员会卫生小组委员会所作的陈述（Woodcock 陈述）[EB/OL].［2017-03-02］. https：//www.fda.gov/NewsEvents/Testimony/ucm548273.htm.

此外，在目前的实践中，如果仿制药上市申请人根据美国发明法案（America Invents Act，AIA）之规定向USPTO行政法官组成的专利审判及上诉委员会（Patent Trial and Appeal Board，PTAB）提起多方复审（Inter Parte Review，IPR），也视为其提起了基于第IV段声明的专利挑战。[①]

（3）法院

在药品专利链接制度体系下，法院仍然依照正常的程序审理与专利权有关的案件。但是，为了实施药品专利链接制度，在美国，尽管目前尚未有适用于各个法院的统一规则，某些地区法院已经针对Hatch-Waxman法案的相关诉讼制定了特别程序规则[②]。这些规则主要涉及以下内容：申请人向原研药企业提供完整的仿制药上市申请文本的时限；确认权利主张及披露各方争议焦点的时限；在诉讼期限内向其他各方提供与FDA就仿制药上市申请进行沟通的相关文本；将禁令救济之动议通知FDA；审前听证的时限等。

此外，法院应在专利诉讼案件提起后1个月内以及判决或决定作出后1个月内将相关信息通知USPTO，但法院的该项通知责任并非基于Hatch-Waxman法案或药品专利链接制度而产生，而是基于美国专利法的相关要求。[③] USPTO将把这些通知记录到专利文档中。[④]

2. 我国药品专利链接制度下各部门的职能及其变化

在目前我国的制度框架下，探索药品专利链接制度的实施，也会涉及

---

① 但是，IPR的介入导致原本清晰、流畅的专利挑战程序面临裁决结果不一致，出现程序混乱的后果，在下文中将有进一步论述。

② 参见诸如D. Idaho Local Patent R. 3. 6；D. Md. Local R. 804（3）；E. D. Mo. Local Patent R. 3 – 1；D. N. J. Local Patent R. 3. 6；N. D. Ohio Local Patent R. 3. 9；W. D. Tenn. Local Patent R. 3. 10；E. D. Tex. Local Patent R. 3 – 8.

③ 35 U. S. C. § 290. 法院书记员负责在依据美国专利法提起诉讼以及法院就专利诉讼作出判决或决定后一个月内，向USPTO局长发出通知。

④ USPTO. 专利审查程序手册（*Manual of Patent Examining Procedures*）第2207条（第9版，2017年8月修订，2018年1月最新修订）［EB/OL］. https://www.uspto.gov/web/offices/pac/mpep/s2207.html，依据专利审查程序手册，由知识产权法与律师办公室（the Office of Solicitors）负责接收法院书记员发出的通知，并将其记录在专利文档中。

三个部门，即国家药监局、国家知识产权局和专利复审委员会（以下简称“专利复审委”）以及法院。药品是一种特殊的商品，与药品专利链接相关的纠纷（专利挑战）是一类特殊的案件。为了确保药品专利链接制度在我国有效落地、实施，各部门需要在操作细节和规程上密切协调、紧密配合。

（1）国家药监局

国家药监局作为药品上市审批、监管的主管部门，其主要职责范围并未改变。考虑到药品专利链接制度的实施，特别是专利挑战程序的实施过程中，程序规则具有举足轻重的作用，在我国探索建立药品专利链接制度时，首先由国家药监局协助国家市场监督管理总局修改《药品管理法》《药品注册管理办法》，对相关程序规则予以明示，并协助其制定、发布具有透明度、可操作性的规章和相关操作规程文件，使各相关主体有章可循。

与此同时，与 FDA 类似，国家药监局需要投入一定的人力管理、维护和更新《中国上市药品目录集》（即中国的“橘皮书”），并投入一定人力确保仿制药上市申请过程中相关时限、程序符合药品专利链接制度的相关规定，同时履行与国家知识产权局、专利复审委和法院之间的沟通职责。

（2）国家知识产权局及专利复审委

在药品专利链接制度下，国家知识产权局主要负责专利的审查与授权。由于药品专利链接制度中的专利挑战的事由主要是请求宣告专利无效，在我国，当前的专利无效纠纷首先需要由专利复审委作出裁定，之后再由司法机关进行复审。

在过去的实践中，经过法院复审改判的案件占比不高，为 8% ~10%。因此，有人建议，我国建立药品专利链接制度，可以直接建立药监部门与专利复审委的链接，涉及专利挑战的相关无效纠纷直接由专利复审委对涉案专利效力作出认定后，国家药监局即可根据裁定的结果作出是否批准仿制药上市的决定。

笔者认为，未经司法复审而以专利复审委的裁定作为药品审批上市的基础，违背了 TRIPS 有关行政决定需要经过司法复审的规定。[①] 药品专利链接制度的核心是药品审批与司法的链接。法院对于专利挑战案件具有终审权，而不应是由行政机关终审。在我国，更为有效的做法是将专利挑战纠纷中的专利确权部分的认定，直接交由审理专利挑战纠纷的法院一并审理，这样既能够保证司法对于专利效力认定的终局效力，也能够因减少专利复审委的复审程序而加快专利挑战案件的审理进程。

如果考虑到药品专利的技术性和复杂性，需要由专利复审委对涉案专利的效力作出认定，则需要专利复审委对此类案件给予足够重视，在审理程序上给予优先考量，在保证案件审理质量的前提下，压缩审理时间，以确保相关案件在法律确定的批准等待期[②]内审结。笔者建议，专利复审委的审理也应仅作为在技术层面上认定专利效力的一环，在此类无效案件中，其无须作为此类专利确认纠纷的诉讼当事人，就此类专利无效案件赋予审理专利挑战的案件以司法变更权，避免由于专利确权案件的“循环诉讼”导致专利挑战案件无法在法律规定的批准等待期内审结。当然，这可能需要出台相关的规章、司法解释和操作规程，对涉及专利挑战案件的专利无效纠纷的审理程序、时限、适用条件和范围作出具体规定。

此外，国家知识产权局可能需要就药品专利链接制度运行过程中，与国家药监局和法院的协调和沟通，投入一定的人力。如果仍与一般专利无效纠纷实行相同的解决途径，即由专利复审委作为审理专利无效导致的专利挑战案件的第一道程序，之后，对当事人不服行政决定起诉到法院的，法院再对行政决定进行二级审理，则还需要由专人确保相关案件的审限符

---

① TRIPS 第 62 条第 5 款规定，第 4 款下所指的任何程序（即有关取得或维持知识产权的程序，及在一成员法律对此类程序作出规定的情况下，行政撤销和诸如异议、撤销和注销等当事方之间的程序）中的行政终局裁决均应由司法或准司法机关进行审议。正是基于此规定，我国在加入 TRIPS 之后，修改了专利法，将原来专利复审委员会在实用新型及外观设计复审及无效的终审权变更为由法院进行司法审查。

② 如无特别说明，批准等待期专指我国药品专利链接制度框架下，国家药监局为确定专利挑战案件的结果而暂时不批准仿制化学药品上市申请的期间，与美国药品专利链接制度中的 30 个月遏制期（30 month stay）含义相同。

合药品专利链接制度确定的审限要求。

（3）法院

由于药品专利链接制度的核心是药品审批与司法的链接，在药品专利链接制度的运作过程中，特别是专利挑战案件的审理过程中，法院发挥着举足轻重的作用。实际上，专利挑战案件会对审理法院提出更高的要求，主要表现为：第一，专利挑战案件涉及复杂的药品发明专利，特别是涉及药品专利有效性和侵权认定，对法官的专业性、技术性提出了更高的要求；第二，考虑到案件的复杂程度以及批准等待期的相关规定，对于案件审理的时效性也提出了更高的要求[①]；第三，药品是关系国计民生和公众生存和健康的产品，其产业发展与国家关于仿制药和原研药发展的宏观政策息息相关，此类案件的审理对法官关于国家相关政策的把握程度也提出了更高的要求。在制度实施之初，相关案件数量可能在一段时间内急剧增加，案件的专业性、技术性、政策性及社会影响力将会给法官带来较大压力，法官的判决将对我国药品专利链接制度的导向产生重要影响，这些都将成为法院继续面临和解决的问题。

笔者建议，可以借鉴美国部分地区法院的做法，由最高人民法院或有专利挑战案件管辖权的法院就此类案件审理中可能遇到的特殊问题，如管辖、审限、专利技术的查明等问题（主要是程序问题）出台相关司法解释或司法性文件，为药品专利挑战程序的当事人提供司法指引。

此外，为确保药品专利链接制度顺利实施，法院同样需要投入一定的人力负责与国家药监局、国家知识产权局和专利复审委之间的沟通和协调，并确保对专利挑战案件的审理时限符合药品专利链接制度的相关规定。

---

① 依照《民事诉讼法》的规定，对民事案件的审理时限为一审 6 个月，二审 3 个月，但这不包括涉外案件。而对专利挑战案件，无论是侵犯药品发明专利权，还是药品发明专利无效，审理期限均较短，且涉外纠纷占较大比例。专利批准等待期相对较短，因此，法院结案压力会加大。

二、明确专利挑战案件的管辖

专利挑战是药品专利链接制度的核心，涉及专利挑战的案件应当由法院管辖。由于专利案件的特殊性，最高人民法院在《专利法》实施前的1985年2月就专门出台了司法解释，规定专利纠纷案件实行特别指定管辖。实行药品专利链接制度，同样应当考虑对专利挑战案件如何确定管辖法院。

1. 美国专利案件的管辖

根据美国相关法律的规定，美国专利案件的管辖大体划分如下：

（1）专利授权案件，即不服USPTO驳回专利申请的案件，由USPTO所在的弗吉尼亚州联邦地区法院管辖，并可上诉到CAFC。CAFC对所有专利案件的上诉审具有专属排他管辖权。

（2）专利确权案件，即请求宣告专利权无效的案件，有两种途径：其一，可以向94个有管辖权联邦地区法院提起诉讼，并可上诉到CAFC；其二，可以依据AIA的规定，向PTAB提起IPR程序或PRG程序，对PTAB决定不服的，上诉到CAFC。

（3）专利侵权案件，由被告所在地（根据美国联邦最高法院的裁决，限于被告注册的州）或实施侵权行为的被告惯常营业地或业务所在地的联邦地区法院管辖，并可上诉到CAFC。

（4）与专利挑战相关的专利侵权纠纷，由被告所在地（注册地或主营业地）所在的联邦地区法院管辖，并可上诉到CAFC。

可见，在药品专利链接制度下，由于并没有实际侵权行为发生（仿制药尚未上市），专利权人和/或NDA持有人基于拟制侵权提起专利侵权诉讼的管辖为属地管辖，94个联邦地区法院均有一审管辖权，上诉审由CAFC

专属排他管辖。

需要指出的是，美国 Hatch-Waxman 法案确立的药品专利链接制度和专利挑战程序始于 1984 年，经过 30 多年的实践，已经成为一套完整而相对独立的程序规则。其中的一些规则是为了保障药品专利链接制度和专利挑战程序的顺利实施而专门制定的，如拟制侵权、确认不侵权、专利无效或专利不可实施之诉等。IPR 程序是 2011 年 AIA 中所规定的，在此之前，AIA 中规定 IPR 程序和 PGR 程序仅仅旨在为一些书面上明显可见的问题专利的纠正提供更为便捷的行政救济程序，当事人无须进入耗时耗力的诉讼程序，但是，随着实践的发展，IPR 程序规则越发复杂，甚至与诉讼程序一样，包括了最为耗时耗力的“证据开示”程序。IPR 程序与司法诉讼程序的差异越来越小。IPR 的介入导致原本清晰、流畅专利挑战程序面临裁决结果不一致、程序混乱的后果。这种负面影响已经引起美国产业界和相关机构的注意，他们试图与立法机构进行沟通，通过规则制定或解释，将橘皮书中所登记的专利排除于 IPR 程序的适用范围之外，以保证已经成熟运转了 30 多年的药品专利链接制度能够继续有效、顺利发挥其作用。

2. 中国药品专利链接制度下的相关管辖

在中国，根据《专利法》《民事诉讼法》及相关司法解释对于一般的专利侵权管辖的规定，专利侵权纠纷为民事纠纷，可以直接向有管辖权的法院提起诉讼。全国有 87 个中级人民法院、32 个高级人民法院、3 个知识产权法院以及 15 个知识产权法庭对于侵犯专利权纠纷均享有管辖权。另外，还有部分基层法院可以审理涉及实用新型和外观设计的专利侵权纠纷，但不能审理涉及发明专利权的纠纷。涉及发明专利权的纠纷均由中级法院及以上级别的法院管辖。实践中，由于各地法院的法官水平、经验不同，对于专利保护范围解释不一，地方保护主义等原因，导致不同法院的判决不一致，给专利权人和侵权人均带来困扰及不确定性。

另外，在专利侵权纠纷的审理过程中，被告可以以专利无效或不构成侵权专利权进行抗辩。对于不侵权抗辩，法院可以直接审理；而对于被告以专利无效进行抗辩的，法院无权在侵权纠纷中对专利权的效力进行审理，而需由被告向专利复审委员会提出专利无效宣告请求，之后在以专利复审委员会的裁定为被诉具体行政行为，并根据《行政诉讼法》及相关司法解释的规定提起行政诉讼，即涉及对专利复审委员会作出的专利权无效决定不服的，当事人可以向北京知识产权法院（一审）和最高人民法院知识产权庭（二审）提起行政诉讼。根据最高人民法院 2018 年 12 月 27 日发布，2019 年 1 月 1 日起施行的《最高人民法院关于知识产权法庭若干问题的规定》，最高人民法院设立知识产权法庭，主要审理专利等专业技术性较强的知识产权上诉案件。知识产权法庭审理的案件包括了不服北京知识产权法院对发明专利、实用新型专利、外观设计专利、植物新品种、集成电路布图设计授权确权作出的第一审行政案件判决、裁定而提起上诉的案件。专利挑战案件通常涉及仿制药企业主张创新药企的药品专利无效，因此，此类案件的二审应由新成立的最高人民法院知识产权法庭管辖。依据《行政诉讼法》的规定，法院审理行政纠纷案件时，对于具体行政行为并没有司法变更权，由此导致即使法院不认可专利复审委员会对专利效力的认定，法院也无权直接对涉案专利权的效力进行认定或直接变更专利复审委员会的决定，只能判决撤销行政决定，令专利复审委员会重新作出裁定。而重新作出的裁定有任何一方当事人不服，则又将面临新一轮的行政诉讼。如此往复，有些专利无效甚至需要经过若干轮，不仅增加当事人的诉累，也对社会资源、行政资源和司法资源造成极大浪费。此外，实践中，如果在专利侵权纠纷中，当事人反诉专利权无效的，尽管法律规定法院可以中止侵权案件的审理，但在涉及发明专利侵权纠纷的审理中，为了保护专利权人的利益，防止被控侵权人利用中止程序拖延专利侵权诉讼，法院往往不中止审理，而径直就侵权纠纷作出裁决。若随后对于专利权效力的认定与法院在侵权纠纷中的认定并不一致，则将导致对诉讼当事人的不公（通常是被控侵权人的行为被认定为侵权，而专利权最终被裁定为无效）。

在药品链接制度下，一旦出现专利挑战案件，被仿制药品的专利权应予无效是仿制药申请人提起第 4 种声明时经常主张的抗辩事由。专利挑战案件具有特殊性，此类案件相对专业性更强，其审限受批准等待期的制约显得更强，其审理结果与挑战的结果息息相关，直接涉及仿制药上市申请是否可以获得批准，以及药品可及性是否可以实现。

十九届中央全面深化改革领导小组第一次会议于 2017 年 11 月 20 日审议通过的《关于加强知识产权审判领域改革创新若干问题的意见》提出，"加强知识产权审判领域改革创新，要充分发挥知识产权司法保护主导作用，树立保护知识产权就是保护创新的理念，完善知识产权诉讼制度"。2018 年 2 月 27 日，中共中央办公厅、国务院办公厅印发的《关于加强知识产权审判领域改革创新若干问题的意见》提出，要"坚持改革创新。解放思想，实事求是，遵循审判规律，以创新的方法激励创新，以创新的方式保护创新，以改革的思维解决知识产权审判领域改革中面临的问题和困难，使改革创新成为知识产权审判持续健康发展的动力源泉"；要推进符合知识产权诉讼规律的裁判方式改革，建立健全知识产权专门化审判体系，认真总结知识产权审判基本规律和经验，加强现状分析和对国际趋势的研判，研究建立国家层面知识产权案件上诉审理机制，实现有关知识产权案件审理专门化、管辖集中化、程序集约化和人员专业化，从根本上解决知识产权裁判尺度不统一、诉讼程序复杂等制约科技创新的体制性难题。

我国处于司法改革过程中，多年来专利无效行政纠纷"三级审理"、循环诉讼的弊端备受诟病。笔者建议，在探索药品专利链接制度过程中，就《中国上市药品目录集》所涉及的专利审理，依据《关于加强知识产权审判领域改革创新若干问题的意见》相关规定的精神，在制度上能有所突破。具体建议包括：

第一，考虑到专利挑战案件的特殊性，案件数量及与国家药监局的特殊联系，建议在相关法律法规或司法解释中明确规定，被仿制药品的专利权人根据拟制侵权起诉仿制药的申请人侵权的，适用专属管辖的规定，即由国家药监局所在地的知识产权法院专属管辖。由于该法院（即北京知识产权法院）同时也是专利无效行政诉讼的一审专属管辖法院，这种专属管辖有助于实现专利无效及专利侵权认定一并审理，统一标准尺度，保证在对专利权的认定以及专利侵权判定中对专利保护范围及技术特征解释的一致性，并有助于避免地方保护主义导致的判决不一致，从而给国家药监局药品审批工作造成的困扰，进而有助于司法、执法的统一，提高审判效率，推动药品专利链接制度的落实。

第二，审理专利挑战案件，在切实贯彻上述文件相关精神的基础上，借鉴《最高人民法院关于适用〈中华人民共和国行政诉讼法〉若干问题的解释》中关于“审理行政机关对民事争议所作裁决的案件，一并审理民事争议”相关做法，探索在民事案件中一并解决专利无效行政纠纷的审判模式，规定专利挑战案件中，仿制药申请人反诉专利权无效的，人民法院可以直接就专利权效力及原告的（专利侵权）诉讼请求一并作出裁决，而无须按照一般的程序规定，要求仿制药申请人向专利复审委员会另行提起专利无效宣告请求。这样规定的优点在于：首先，考虑到专利挑战案件的专业性，专利挑战案件的管辖权属于国家药监局所在地的知识产权法院，即北京知识产权法院，该法院同时也是专利无效行政纠纷的唯一专属管辖法院，其本身对于两类案件均享有管辖权；其次，由同一个法院对同一案件涉及的行政纠纷和民事纠纷一并审理，可以避免行政和民事纠纷由不同审判庭审理，或者同一审判庭在不同案件中审理导致的结果不一致，避免专利挑战案件结果的不确定性，由此可能引发的仿制药品专利权人受到不当侵害，或者仿制药申请人的市场独占期被不当剥夺；最后，由同一个法院审理两类性质不同的案件，可以提高审判效率，加快这类案件审理的进程，使之与仿制药上市批准等待期相匹配，并有助于减少当事人的诉累，减少社会资源的浪费。

第三，在明确专利挑战案件的专属管辖权基础上，可以考虑赋予当事人一定的选择权，即仿制药申请人请求确认专利权无效的，既可以在专利挑战案件中直接向法院提出，也可以向专利复审委员会提出。在这种情况下，应当赋予对专利复审委员会裁定进行司法复审的法院以司法变更权。一旦当事人做出了这样的程序选择，审判程序仍依现行的程序进行。

程序上作出如此的规定，不仅有利于当事人，也有利于药品专利链接制度的有效、顺利实施。

事实上，如前所述，目前美国试图把橘皮书中登记的专利排除于 IPR 程序的适用范围之外，正是考虑到“双轨制”之下，不同机构作出的裁决不一致，以及由此导致的程序混乱，妨碍药品专利链接制度的顺利实施。我国在探索建立药品专利制度以及司法改革过程中，应当吸取美国的经验教训，避免重蹈其覆辙。

3. 其他与化学药品发明专利侵权相关专利纠纷的管辖

与化学药品发明专利相关的专利纠纷案件包括专利权属纠纷、专利侵权纠纷、专利无效行政纠纷及请求确认不侵犯专利权纠纷。其中，被仿制药品的专利权人在收到仿制药申请人的通知后，在法定期限内向有管辖权的法院提起侵犯专利权诉讼的，即专利挑战案件，国家药监局所在地的知识产权法院享有专属管辖权。除此之外，对其他与化学药品发明专利侵权相关的专利纠纷，也应当一并加以区分，并对其管辖作出规定。包括：

（1）在仿制药申请人向国家药监局申请仿制之前，先行向专利复审委员会请求宣告被仿制药品的专利权无效，不属于专利挑战案件，而应视为仿制药申请人为了扫清自己仿制药上市的障碍，依法采取的措施，属于一般意义上的专利无效行政纠纷，根据《专利法》和《行政诉讼法》的规定，该类案件应当首先向专利复审委员会提出，再向北京知识产权法院及北京市高级人民法院提起行政诉讼。这种情况下，并不涉及与专利侵权纠纷的合并审理。

（2）在仿制药申请人向国家药监局申请仿制之前，由于某些理由，先行向人民法院起诉请求不侵权专利权的纠纷，适用一般专利侵权纠纷的管辖规定。此外，提起请求确认不侵权纠纷需要满足一定的条件，即应以利害关系人受到警告，而权利人未在合理期限内依法启动纠纷解决程序为前提。

（3）被仿制药品的专利权人在收到仿制药申请人的通知后，未在法定期限内向人民法院提起侵犯专利权诉讼的，根据药品专利链接的制度设计，国家药监局可以批准仿制药申请人的仿制申请。专利权人随后提起侵犯专利权诉讼的，也属于一般专利侵权纠纷，适用一般的专利侵权管辖的规定。由此引发的专利侵权诉讼，败诉的侵权人不仅要承担停止侵权责任，还应当承担损害赔偿责任。这种情况下，药品专利侵权责任风险应当由仿制药申请人承担，国家药监局作为依法作出行政行为的行政机关，不宜主张由其承担共同侵权责任。

三、专利挑战案件的相关问题

《关于深化审评审批制度改革鼓励药品医疗器械创新的意见》中提出“探索建立药品专利链接制度”，说明这是一个新的制度。在探索实施过程中一定会出现不少新的问题，有的问题应当予以预判，并作出相应规定。

1. 关于专利挑战案件的法律责任

任何法律行为都将引发一定的法律后果。仿制药申请人提起专利挑战，将引发由被仿制药的专利权人和/或上市许可人基于拟制侵权提起专利侵权诉讼，其结果以及双方当事人所应承担的法律责任包括：

（1）被告（即仿制药申请人）胜诉，即挑战成功。无论是基于专利无效抗辩还是不侵权抗辩，仿制药申请人在他人的化学药品相关发明专利保护期内提起仿制药申请的行为获得法院的支持，则被仿制药品的专利权人的诉讼请求应被驳回。仿制药申请人应在法定期限内，将其挑战成功的结果通知国家药监局，以便国家药监局根据相关规定对其仿制药上市申请作出相应处理。

（2）原告（即仿制药品的专利权人和/或上市许可人）胜诉，即挑战失败。若仿制药申请人在他人的化学药品相关发明专利保护期内提起仿制药申请的行为，无法获得法院支持，则其行为构成侵犯专利权，仿制药申请人由此应当承担对其不利的法律后果。法院应裁决在涉案专利到期之前，国家药监局不得批准仿制药申请人的上市申请。仿制药品的专利权人和/或上市许可人应在法定期限内，将判决结果通知国家药监局。

上述向国家药监局的通知程序也可以考虑由法院完成。

在挑战失败后，仿制药申请人可以选择撤回其含有第 4 种声明的上市申请，也可以申请变更其声明的种类（通常变更为第 3 种声明）。事实上，即使仿制药申请人在败诉后无所作为，国家药监局根据法院判决作出决定的结果与变更为第 3 种声明并无二致。

同时，考虑到专利挑战案件获得最终裁决，仿制药申请人尚未获得仿制药上市批准，也就是尚未实际实施仿制药的制造、使用、销售、许诺销售和进口行为，尚未给仿制药品的专利权人造成实际损失，也没有获利，通常情况下，无须要求其承担赔偿损失的责任，即专利权人赔偿经济损失的请求不予支持。这也是专利法规定的专利侵权行为与拟制侵权行为的区别。

（3）双方达成和解，既没有胜诉方也没有败诉方。双方应将和解协议提交国家市场监督管理总局负责反垄断审查的机构进行反垄断审查，经确认后，双方应将和解协议副本提交国家药监局，或至少通知国家药监局其仿制药授权上市的时间。

如果批准等待期届满尚未作出终审判决，则国家药监局可以对符合条件的仿制药上市申请予以批准。若仿制药申请人基于该批准文件将其仿制药上市后，终审判决认定其申请行为构成侵权，则其应当就仿制药上市行为承担停止侵权、损害赔偿责任。这里需关注的是，药品是关系国计民生和公共利益的特殊商品，仿制药一旦上市，法官是否应基于公共利益的考量，不判决停止侵权，取决于法官对于国家医药政策、创新政策、产业政策等相关政策和价值取向的理解和把握，这对法官的专业能力和素质提出了更高的要求。

2. 相关技术的认定与查明

专利挑战案件涉及药品发明专利，属于技术性强、专业性高、相对复杂的专利纠纷。无论是侵权比对还是对专利效力的确定，都涉及对药品专利技术的认定与查明。在司法改革过程中，各地法院就复杂技术的查明与认定探索了多种路径，如一些法院为充分发挥科技专业人士在技术查明方面的专业优势，构建了由技术调查、技术咨询、专家陪审和技术鉴定构成的“四位一体”技术事实查明体系。此外，鉴于专利挑战案件的特殊性，且案件数量并不大，可以充分利用诸如技术鉴定、技术调查官、技术专家陪审员等技术资源，解决此类案件中的技术认定与查明问题。

3. 专利无效结果的通知

根据美国专利法，法院在专利纠纷提起和审结后 1 个月内，应将案件的结果通知 USPTO①。在我国专利制度框架下，只能通过专利复审委员会启动专利无效程序，在后续的司法复审中，专利复审委员会始终作为一方诉讼当事人，参与专利无效行政诉讼的全过程。由于法院没有司法变更权，因此，无论经过多少轮诉讼，最终都是法院对专利复审委员会裁定的确认，因此，法院无须专门就专利的效力通知专利复审委员会。

从简化程序的角度考虑，笔者建议，基于专利无效提起的专利挑战中，由受理专利挑战案件的法院直接对涉案专利的效力作出认定，抑或对专利复审委员会作出的无效裁定进行司法复审时，赋予法院以行政变更权，而无须由专利复审委员会作为一方当事人参与专利挑战案件的审理中。在这种情况下，法院一经认定专利无效，应将结果及时通知国家知识产权局，由其将相关信息记录到专利文档及专利公告中。

---

① 35 U. S. C. § 290.

4. 涉及多个仿制药申请人的挑战

我国实施药品专利链接制度后，多个仿制药申请人均向国家药监局提起仿制申请，提交与仿制原研药品专利权相关的第 4 种声明的情形极有可能发生，其中可能涉及不同仿制药申请人，它们基于商业和市场利益，乃至诉讼成本的考量同时提出仿制药上市申请。美国实践表明，为了成为首仿者，多个仿制药申请人甚至在同一日提起仿制申请。在仿制药上市申请被受理后，被仿制药的专利权人可能收到多个仿制药申请人的通知。其应当在法定期限内起诉仿制药申请人，以获得仿制药上市的批准等待期。特别是在多个仿制药申请人的上市申请提交日期接近乃至相同的情况下，尽管对于每个仿制药申请人而言，被仿制药的专利权人的诉讼期限是分别计算的，但总体上，其起诉的法定期间是接近或者是同时的，法院可以决定合并审理。专利挑战案件属于专属管辖，被挑战原研药所涉及的化学药品相关专利亦是同一的或具有关联性，符合法院合并审理的条件。当然，合并审理亦有助于减少资源浪费，提高审判效率。

由于种种原因未被专利权人起诉的仿制药申请人，包括与专利权人达成某种合作或许可协议的，原则上国家药监局可以直接批准其仿制药上市申请。但是，由于案件处理的结果可能同这些未被起诉的仿制药申请人有法律上的利害关系，可以经法院通知或自己申请参加已经开始的专利挑战案件中。该案件审理的结果可能影响其与专利权人达成的协议约定，或者在其制造的仿制药上市后可能面临的专利侵权诉讼的结果。

5. 关于其他案件结果的认可

根据《专利法》的相关规定，任何单位或者个人都可以依据相关程序请求宣告专利权无效。因此，在仿制药申请人提起专利挑战之前或者提起专利挑战过程中，不排除其他第三人提起专利挑战所涉化学药品相关发明专利无效宣告请求的情形。这种情形一旦发生，可能产生 3 种后果：

（1）涉案专利在专利挑战进行之前就被宣告无效，则仿制药申请人无须提起专利挑战，可以直接变更为第 2 种声明，继续仿制药上市申请，国家药监局可以直接作出批准该仿制药申请的决定。

（2）涉案专利在专利挑战过程中被宣告无效，且该判决被法院终审确认，依据《专利法》规定，该专利权视为自始无效。这种情况下，法院应当允许仿制药申请人将无效终审判决作为新证据提交法院，并依据该无效终审判决作出裁决。考虑到我国专利无效行政诉讼的程序，上述情况多发生在专利挑战开始前，第三人提起专利无效宣告的情况下，则法院可以裁决仿制药申请人的行为不构成侵权，即仿制药申请人专利挑战成功。

（3）宣告涉案专利无效的终审判决是在专利挑战案件终审裁决后作出的：①若仿制药申请人在专利挑战案件中已经以涉案专利无效或不侵权成功抗辩，则视为挑战成功；②若仿制药申请人未能在专利挑战案件中以涉案专利无效或不侵权成功抗辩，挑战失败的，鉴于涉案专利随后被宣告无效，进行专利挑战仿制药申请人可以在其挑战失败而变更声明，继续仿制药上市申请后（通常由第4种声明变更为第3种声明），再次变更其声明，或者在其撤回仿制药上市申请后，重新提交上市申请，国家药监局可以作出批准该仿制药申请的决定；③其他没有进行专利挑战的仿制药申请人也可以变更其上市申请，国家药监局亦可以作出批准该仿制药申请的决定。但是，在第②种和第③种情况下，如果不符合首个仿制药申请人的条件，则其无权主张市场独占期。

第十四章　结　语

2017年10月8日，中共中央办公厅、国务院办公厅联合印发了《关于深化审评审批制度改革鼓励药品医疗器械创新的意见》，明确了我国开始探索建立药品专利链接制度的大方向，表明中央对于药品专利链接制度的积极效果是认可的。自1984年至今，美国的药品专利链接制度实施了30多年，随着实践的发展，并借助于其判例法制度的便利性，不断修正、调整和完善该制度。可以预见，我国实施药品专利链接制度的过程中也会不断面临新的问题和挑战。一方面需要对相关制度有全面、透彻的了解；另一方面，对出现的问题及时进行回应与调整，集思广益，特别是国家药监局方面可以组建专家团队，为其出谋划策。

一、美国药品专利链接制度值得借鉴

经过30多年的实践，美国Hatch-Waxman法案被证明是成功的，因此，也获得了高度评价，认为它既平衡了大众利益与药品制造商之间的利益，也平衡了原研药企业与仿制药企业之间的利益，既鼓励了新药的研究开发，也鼓励了仿制药物的尽快上市，从而降低了药品价格。① 通过这一法案，使得美国原研药产业和仿制药产业都得以增强，时至今日依旧如此。

作为 Hatch-Waxman 法案的重要组成部分，专利链接制度在世界范围了树立了一个解决药品上市申报过程中专利问题的榜样。它创设了一个利益平衡机制：一方面，给仿制药企业以某种刺激，使其对原研药的专利进行挑战：向 FDA 提出 ANDA 的第一家企业，一旦挑战成功，它们的仿制药被批准，将被授予 180 天市场独占权期。在市场独占期内，该企业能够收回投入，并在市场被其他非专利药充斥之前确立其地位。另一方面，原研药企业担心，若在专利诉讼开始之前仿制药被 FDA 批准，它们将没有追索权。即使法院认定它们的专利是有效的，它们也不能从资金不足的仿制药企业获得损失补偿。为了安抚原研药企业，法案对 FDA 最后批准某项 ANDA 特设的 30 个月遏制期，保证专利挑战能够通过法院系统蜿蜒前进。② 这一制度被认为推动当今美国仿制药产业发展的催化剂，该法案对美国药品生产和消费方式产生了重大影响。

但我们也应当看到，回顾美国药品专利链接制度 30 多年的历史，其在制度实施过程中也经历了曲折，主要包括以下三个方面：第一，NDA 中专利说明提交不规范，专利的种类限定不严格；橘皮书只收载 NDA 递交的专利说明，但没有异议机制，对能够列入橘皮书的专利类型及内容没有规范；对 180 天市场独占期的合理使用也缺乏具体的规定等。由此导致了滥用专利链接制度的现象发生。例如由于可以获得 30 个月的遏制期，原研药企业不断向橘皮书增加新的甚至微不足道的专利，并频频向仿制药企业提起诉讼，以持续获得 30 个月的遏制期来拖延仿制药的上市。葛兰素史克在加拿大仿制药企业 Apotex 对其抗抑郁药帕罗西汀（Paxil）提起首次 ANDA 后，先后在橘皮书上登记了 9 项专利，对 Apotex 共提起 5 次专利侵权诉讼，遏

① 李科举，宋民宪．美国新药创新体系对我国的启示［J］．中国民族民间医药，2015，8：152－153.

② 王普善．非专利药革命：反思 Waxman-Hatch 法［J］．中国医药技术与市场，2006，1：15－17.

制期累计达到65个月。第二，180天市场独占期也常常被原研药企业与仿制药企业"协议共享"：原研药企业与仿制药企业达成协议（通常称为"反向支付协议"），并支付一定的报酬，使其暂缓仿制药的上市。第三，如果首次仿制药申报者的180天市场独占期尚未开始，FDA便不能批准其他同一品种的仿制药，原研药企业就可继续享受一定时间的独占期，在某种程度这种行为违反了反垄断法。①

2003年，美国出台了医疗保险处方药与现代化法案（Medicare Prescription Drug and Modernization Act）和更容易获得可支付药品法（Greater Access to Affordable Pharmaceutical Act），对前述专利链接制度不合理之处进行了修订，根据新的立法，原研药企业对每种药品只能提出一次30个月延迟期的申请，如果在30个月延迟期结束之前，法院认定原研药企业专利无效，便允许仿制药上市，并澄清其允许在同一天提出ANDA的多家企业共享180天独占期。同时，如果一家企业在法院批准后的75天之内未能上市其仿制药，这个企业便失去了其应有的独占权。

可见，美国药品专利链接制度并非一成不变，而是随着实践的发展，特别是随着司法实践不断进行调整，并最终通过立法方式对相关规则不断修改和完善。时至今日，美国FDA仍然不时出台各种具体的规则、指南，对药品专利链接制度进行细化。

二、构建专利链接制度必须立足我国国情

任何制度均不可能放之四海皆准，药品专利链接制度亦是如此。事实上，药品专利链接制度对于我国的立法者、学界和实务界人士而言，并非

① 杨莉，李野．美国的药品专利连接制度研究［J］．中国药房，2007，4：251－253.

全新的概念。是否纳入专利链接制度在历次《专利法》修改过程都曾讨论过。当然，由于各种原因，药品专利链接制度的相关规定至今仍未写入《专利法》中。这一制度经过30多年的实践，在美国被证明是成功的且行之有效的。中国当前要探索建立药品专利链接制度，除了研究美国的制度规则，更重要的是，我们必须正视两国制度之间的差异，立足我国实际，构建符合我国国情的药品专利链接制度，而非一味照搬抑或全盘否定美国的制度规则。因此，在借鉴美国药品专利链接制度的精华，构建符合我国国情的药品专利链接制度的过程中，需要关注以下问题。

第一，美国药品专利链接制度本身是一个涉及多个环节、多个主体的复杂制度体系。该制度的出台是美国原研药产业和仿制药产业不断调解、博弈的结果，这一成果最终通过 Hatch-Waxman 法案的方式予以固定和确认，并在实践中不断调整和细化。我们要学习借鉴这一规则，首先需要认真研究该制度的准确内涵及实施规则。特别是在过去很长一段时间内，相关机构对于这一制度持否定态度，时至今日，对于这一制度的了解依旧不充分和不透彻。只有充分了解这一制度，才能从中汲取精华，为我所用，并避免未来在我国实施中偏离制度设计的初衷。

第二，如前所述，美国的药品专利链接制度是一个非常复杂的体系，并且在实践过程中，通过司法判例和行政机关出台相关规则、指南，不断细化、修正和完善。尽管我们需要收集大量立法资料、操作细则、相关争议、实践案例，并进行充分研究，以便更充分了解这一制度，但我们更需要正视中美之间的制度差异。美国属于演判例法国家。美国法官所扮演的“法官造法”的角色，对美国药品专利链接制度的发展和完善起着重要作用。在专利挑战案件中，美国法官有权同时审理专利侵权与专利无效纠纷，这与中国专利侵权和专利无效纠纷分别适用不同程序规则的实践截然不同。在对美国制度规则充分解读的基础上，更需要关注如何立足我国国情，在我国法律制度框架内，有机地纳入药品专利链接制度的核心内容，并实现这一制度的良性、有效运作。

第三，建立药品专利链接制度不应操之过急。2017 年 10 月 8 日，中共中央办公厅、国务院办公厅印发《关于深化审评审批制度改革鼓励药品医疗器械创新的意见》明确："探索建立药品专利链接制度。为保护专利权人合法权益，降低仿制药专利侵权风险，鼓励仿制药发展，探索建立药品审评审批与药品专利链接制度。药品注册申请人提交注册申请时，应说明涉及的相关专利及其权属状态，并在规定期限内告知相关药品专利权人。专利权存在纠纷的，当事人可以向法院起诉，其间不停止药品技术审评。对通过技术审评的药品，药品监管部门根据法院生效判决、裁定或调解书作出是否批准上市的决定；超过一定期限未取得生效判决、裁定或调解书的，药品监管部门可批准上市。"探索的过程要求我们应当认真、积极研究这一制度在我国如何具体运作及其利弊，在制度本土化过程中，特别是需要充分考虑美国制度实施过程中出现的问题，避免重蹈覆辙。此外，考虑中美两国的法律传统及立法模式，在探索阶段制定的相关规则不应过于复杂，尽可能简化规则，随着制度探索和实践的逐步推进，逐步完善。

三、药品专利链接制度仅是促进医药产业发展的举措之一

美国药品专利链接制度是 1984 年 Hatch-Waxman 法案的重要内容，但并非全部内容。Hatch-Waxman 法案包含专利保护期补偿、Bolar 例外、药品专利链接制度及药品试验数据保护制度四个方面。尽管药品专利链接制度被认为成就了美国的仿制药产业[①]，Hatch-Waxman 法案的实施使得美国的原研药产业和仿制药产业都蓬勃发展起来，但应当看到，美国医药产业

① Garth Boehm，姚立新，韩亮，郑强．美国仿制药行业发展头 25 年的经验教训 [J]．中国新药杂志，2012，16：1849.

并非 Hatch-Waxman 法案“一己之功”，更不可能仅靠药品专利链接制度就得以实现。除了 Hatch-Waxman 法案本身，美国还有一系列相应的配套机制和医保替代机制，如美国专利法及其实践对于药品专利的强保护，包括高额的损害赔偿、强制许可制度、Medicaid 计划中的仿制药替代制度等，从不同角度对美国医药产业的发展起到了推动和促进作用。

同样的，我们要实现健康中国，实现药品可及性，仅仅借鉴药品专利链接制度是远远不够的。该意见指出，我国药品医疗器械科技创新支撑不够，上市产品质量与国际先进水平存在差距，为促进药品医疗器械产业结构调整和技术创新，提高产业竞争力，满足公众临床需要，就深化审评审批制度改革，鼓励药品医疗器械创新提出六个方面意见，涉及改革临床试验管理、加快上市审评审批、促进药品创新和仿制药发展、加强药品医疗器械全生命周期管理、提升技术支撑能力及加强组织实施等与审评审批制度改革、鼓励药品医疗器械创新相关的各个方面。促进我国医药产业的发展，必须认真学习、落实该意见，并非囿于某一项制度本身。事实上，CF-DA 自 2015 年 8 月已开始全面启动了医药改革，包括开展药品上市许可持有人制度试点和药品注册分类改革试点，开展仿制药质量和疗效一致性评价，采取措施深化审评审批制度改革、鼓励药品医疗器械创新，建立《建立上市药品目录集》等，逐步实现《“健康中国 2030”规划纲要》制定的建成与社会主义现代化国家相适应的健康国家的目标，为实现“两个一百年”奋斗目标和中华民族伟大复兴的中国梦提供坚实健康基础。

后　　记

北京务实知识产权发展中心是经北京市知识产权局、北京市民政局批准，于2005年12月成立的一家民办非营利机构。务实知识产权发展中心的建立旨在为从事专利、商标、版权、商业秘密、外观设计、植物新品种、集成电路布图设计等知识产权相关工作的人士提供一个学术研究和信息交流的平台。发挥各方知识产权专家、学者的学术研究专长，接受各级政府、组织、行业协会和企业的专项委托，开展知识产权实务研究工作，发布知识产权保护相关信息。通过高质量的、独立的研究和信息发布，推动全社会对知识产权法的认识和理解，促进我国知识产权保护事业的发展，对社会的经济发展与繁荣做出贡献。

药品知识产权保护研究是一项跨领域、跨部门的研究，既涉及对药品管理制度的研究，也涉及对知识产权制度的研究。作者作为专门从事知识产权保护研究的人员，试图侧重于从知识产权制度角度对药品专利链接制度进行剖析和诠释，并通过本书对美国药品专利链接制度及该制度如何在中国本土化落地进行剖析和探索。

本书在写作过程中，主要依据了北京务实知识产权发展中心于2016年12月完成的《建立药品上市申报与专利保护衔接机制研究报告》和2018年4月完成的《探索建立中国药品专利链接制度研究报告》的内容，该两份报告在研究过程中得到了参加中美学者对话的两国学者及美国商会的大力支持，组织召开过多次研讨会、座谈会，从多方面听取了中美两国近百名学者、官员、法官、律师、制药企业代表等专家的意见。这些意见对我们完成本书起到很大帮助，在此一并表示诚挚感谢！同时感谢本书编辑对本书内容提出了很好的建议，为编辑本书作出了极大努力！

鉴于药品的专业性、药品监管的特殊性、药品专利的专业性及药品专利司法保护的专业性，致使这种探索十分困难，难以达到专业水准。此外，由于药品专利的特殊性，药品管理制度的相关问题亦是不可回避的。对于药品管理相关问题的探讨和研究主要基于相关资料以及与相关专业人士的访谈、沟通，尚不能达到专业水平。在本书中，由于作者的专业水平不足，可能存在诸多不足甚至错误之处，请读者不吝批评指正。

作　者

2018 年 8 月